G 590.

J. 11029

VOYAGE
d'un
AMATEUR DES ARTS.

VOYAGE
D'UN
AMATEUR DES ARTS,

En Flandre, dans les Pays-Bas, en
Hollande, en France, en Savoye,
en Italie, en Suisse,

Fait dans les Années 1775-76-77-78;

Dans lequel on indique; 1° *les édifices & les Monumens
antiques & modernes, dignes d'être recherchés :* 2° *les
collections de Peinture, de Sculpture, d'Histoire Naturelle; les Bibliothèques, &c.: avec des jugemens particuliers sur tous ces objets, motivés d'après le sentiment
des connoisseurs les plus estimés :* 3° *Une description soignée des Vallées de Glaces du Faussigny, de celles du canton
de Berne, & de diverses autres Curiosités que présentent
les Alpes :* 4° *L'Itinéraire de quelques Passages peu connus à travers ces mêmes Alpes :* 5° *L'état actuel des Routes d'une Ville à l'autre; les Fleuves, Rivières & Torrens
que l'on doit traverser sur pont volant, en bac, chaloupe,
ou à gué :* 6° *Les prix courans des Chevaux, Mulets,
Voitures de ville, Barques, Gondoles; celui des Laquais de
louage, des Guides, des Cicerone.... & beaucoup d'autres
renseignemens, dont il est utile, & même important d'être
instruit pour voyager le moins dispendieusement & avec le
plus d'agrémens possible.*

Par M. DE LA R***, *Écuy., ancien Capit.
d'Inf^e. au Service de France, &c.*

TOME QUATRIÈME.

A AMSTERDAM

M. DCC. LXXXIII.

NOUVEAU VOYAGE

En Flandre, en Hollande, en France, en Italie, en Suisse,

Fait dans les années 1775 - 76 - 77 - 78.

⁎⁎* O*N compte de Padoue à Vicence, deux postes & demie. La route est parfaitement belle; elle traverse une plaine très-riche & fort peuplée : on ne fait aucun passage d'eau qui mérite attention.

Route de Venise à Milan, par Vicence, Verone, Brecia & Bergamo.

VICENCE (*). On porte à vingt-cinq ou trente mille ames, la population de cette ville : ses fortifications sont d'une fabrique

---

(*) Au *Chapeau rouge*, bonne Auberge, bien située.

Tome IV.   A

Vicenza: Palais principaux. ancienne, mais dans un bon état ; elles forment une enceinte d'environ quatre milles : elle est traversée par le *Bachiglione*, avec lequel vient s'unir le *Retone* au bas de la Ville.

La *grande Place* environnée de Portiques, sur laquelle est situé le PALAIS DE LA JUSTICE (*la Ragione*), & la façade (moderne) de ce même Palais, sont exécutées sur les desseins du *Palladio* (*) : Le ton de cette composition est d'un bel effet : il est intéressant. On doit chercher dans la *Salle du Conseil* quelques Tableaux de mérite qui y sont placés : à droite, la sortie de l'arche de Noë ; bon morceau de *Pâris Bordone :* en opposition, un Jugement dernier, que l'on assure être du *Titien :* au-dessus de la porte, la Vierge & l'Enfant Jesus apparoissant à deux Sénateurs qui paroissent l'invoquer ; beau Tableau de *Jacob Bassan*, &c.

LE PALAIS del *Capitanio*, fait face au précédent : cette décoration est également du *Palladio*. Nous n'avons point vu le dedans de ce bâtiment.

On remarque près de ce dernier Palais, un vaste édifice, d'un très-bon genre (encore du *Palladio*), dans lequel est établie la BANQUE DU MONT-DE-PIÉTÉ : On y a également placé la BIBLIOTHÈQUE PUBLIQUE. Nous ne l'avons point vue.

_____

(*) Cet architecte célèbre étoit né à Vicence, & il y a élevé un nombre considérable de bâtimens : on en remarque de très-bien pensés & de très-intéressans à voir.

Peu de Villes offrent autant d'édifices particuliers du mérite & de l'importance de ceux qui abondent en quelque forte ici : Nous indiquerons feulement ceux fur lefquels il eſt bon de jeter, du moins, un premier coup d'œil.

Vicenza : Santa Corona, il Duomo.

LE PALAIS *Triſſino Baſton :* Cette compoſition eſt grande & noble : c'eſt, ſans contredit, l'une des meilleures du *Palladio*.

LE PALAIS *del Conte Triſſino Porti :* belle ordonnance ; mais beaucoup moins noble & moins intéreſſante que la précédente.

LE PALAIS *del Conte Valmarana, del Giardino :* le bâtiment n'a point ce ton de grandeur, que le *Palladio* imprimoit en quelque ſorte fur toutes ſes productions ; les gens de l'art y trouveront d'excellentes parties de détail.

LE PALAIS, *del Conte Oraſio Trento :* Le ton de celui-ci eſt encore inférieur au précédent & l'enſemble en eſt moins harmonieux.... Nous abandonnons l'examen des autres : d'ailleurs, beaucoup d'entre ceux que nous ſupprimons, ne ſont pas achevés, & ne le ſeront jamais.

Les Egliſes font ici, auſſi multipliées que les Palais ; on en compte près de quatre-vingt !.. Nous ſerons très-courts fur cet article.

EGLISE *de la Santa-Corona,* deſſervie par des *Dominicains.* On doit y voir un *ſuperbe Tableau* de *Paul Veroneſe,* repréſentant l'Adoration des Rois Mages. « Il » eſt bien compoſé, peint avec une grande

Vicenza :
Theatro Olympico.

„ fraîcheur & une grande finesse de tons...
„ La Vierge est belle... les draperies sont
„ d'une grande richesse & très-vraies, &c. "
Ce Tableau est placé dans la Chapelle de
la croisée de l'Eglise à droite.

Du même côté, sur le troisième Autel
dans la nef, un bon Tableau de *Léandre
Bassan*, dans lequel on voit St. Antoine
Archevêque de Florence, distribuant l'aumône aux pauvres (*).

On fait grand cas ici de l'extrême richesse du maître-Autel de la CATHÉDRALE :
on y a véritablement prodigué les marbres
les plus beaux & les plus rares, beaucoup
de bronzes, &c. mais nous ne lui avons
trouvé que ce seul mérite : Le vaisseau est
par lui-même d'un très-sombre & mauvais
gothique.

THEATRO OLYMPICO. Les gens de l'art
regardent assez généralement comme le chef-
d'œuvre du *Palladio*, le célèbre Théâtre
Olympien, construit sur ses desseins : c'est
le monument le plus curieux de Vicence.
Ce Théâtre est entièrement disposé dans le
goût antique & d'après des idées données
par *Vitruve* (**). Les décorations y sont de

(*) Il faut demander à voir dans cette maison,
une *Statue antique*, que l'on croit représenter
Iphigénie : ce n'est pas une bien belle chose, mais
on y perd d'autant moins de temps.

(**) Il est triste qu'on soit à cet égard réduit
à d'assez vagues conjectures : Le seul Théâtre antique d'après lequel on pouvoit prendre des connoissances certaines sur la forme & les proportions
particulières à ce genre d'édifice, étoit celui

reliefs & invariables; elles repréfentent l'in- Vicenza:
Theatro
Olympico.
térieur d'une Ville Grecque : fept Rues
aboutiffent à une Place très-ornée; les Bâtimens dont ces rues font bordées, portent
des caractéres différens, tant ceux publics,
que ceux particuliers.

 Le *Proscennium*, ou l'avant-fcène, a qua-
tre-vingt-trois pieds de largeur, fur vingt-
deux de profondeur; il repréfente un Arc
de triomphe dédié à Hercule; les travaux
du héros y font repréfentés dans autant de
Bas-reliefs fort ingénieufement compofés.
La grande Arcade du milieu a quatorze pieds
d'ouverture, & celle de côté, environ la
moitié moins.

 La Salle proprement dite eft d'une forme
ovale (affez alongée), coupée dans fa longueur. Le Parterre a cinquante-fix pieds de
longueur, fur dix-huit de profondeur; il
eft environné de treize rangs de gradins qui
forment les places des fpectateurs: ces gradins s'élèvent à peu près jufqu'au tiers de
la hauteur totale de la falle : ils occupent
une profondeur d'environ vingt-cinq pieds.
Le développement du gradin inférieur,
donne près de quatre-vingt pieds, & celui
fupérieur, onze cents quarante. Au-deffus
de ce dernier, s'élève un rang de loges,

---

d'*Herculanum* : mais le trop grand travail qu'eût
néceffité fon excavation entière, fait qu'il n'eft
connu que par fragmens; auffi le plan qui en a
été publié, ne doit-il être regardé, que comme
un à peu près, qui laiffe encore une infinité de
chofes à défirer.

*Vicenza:
Piazza dell'
Isola, Campo Marso.*

noblement & grandement décorées. La hauteur totale de la salle est de cinquante-deux pieds.

On a beaucoup écrit pour & contre cette composition : nous croyons qu'elle réunit beaucoup d'avantages & peu de défauts ; nous parlons seulement ici de la forme donnée à la salle & de celle du Proscennium : au reste nous nous garderons bien d'entrer dans une discussion qui nous meneroit trop loin.

LA PLACE de *l'Isola*, est construite au confluent des deux rivières : elle est d'un beau vaste, mais d'une forme ingrate & mal décorée : On y voit néanmoins un très-beau Palais, également du *Palladio*, dans la décoration duquel, ce maître célèbre, s'est en quelque sorte surpassé : cette décoration est véritablement d'un riche effet.

⁎ On doit voir les beaux *Moulins à organciner la soie*, établis dans cette Ville : La manufacture qu'on appelle sur les lieux *Negozia di Franceschini*, est célèbre ; on assure qu'elle occupe plus de quinze cents ouvriers.

CHAMP DE MARS. On appelle ici de ce nom, une assez vaste enceinte entourée de fossés, & ornée de plusieurs rangées d'arbres : Cette promenade est agréable, mais peu fréquentée. Son entrée est décorée par un *Arc de triomphe* (*), du *Palladio* :

───────────────
(*) Le Jardin du Comte *Valmarana*, est situé vis à vis cet arc de triomphe : le Belvédère qui en fait la principale décoration est encore du *Palladio* ; il est annoncé par un péristyle d'un excellent caractère.

cette composition a beaucoup de mérite. Vicenza:
PALAZZO *Vecchio*; situé à peu de distance Palazzo Vecchio, des Portes de la Ville, assez peu important Madonna dans ses dehors, mais estimable, curieux del Monte même, quant à sa distribution, le bon Berrico. goût des Meubles, & les Tableaux distingués que nous y avons remarqués. Le Sallon monte de fond; la décoration quoique belle, fait peu d'effet. Quatre bons Tableaux de *Luca Giordano*, attirent d'abord l'œil de l'amateur; ils ont pour sujets; le Massacre des Innocens: le jugement de Salomon: les Vendeurs chassés du Temple, & l'enlèvement des Sabines. Le premier & le dernier sont composés avec beaucoup de feu; ce sont, en général, quatre bons morceaux. Le plafond est du *Tiépolo*, peintre moderne; il est bien.

Deux beaux Paysages de *Salvator-Rosa*; celui où des Animaux viennent se désaltérer au courant d'une chute d'eau, est d'un mérite supérieur: Le pendant de celui-ci a beaucoup souffert, mais il est encore beau.

Quelques esquisses du *Guide*; une Tête de *Paul Veronese*; des desseins originaux de differens maîtres, &c.

MADONNA DEL MONTE BERRICO; Pélerinage célèbre imité de la *Madonna di San Luca*, à Bologne: On s'y rend également sous une galerie en forme de portiques. Cette galerie commence immédiatement à la sortie de la ville; elle est annoncée par un Arc très-décoré du *Palladio*, dans le couronnement duquel il a fait entrer

A iv

*Vicenza:
Madonna
del Monte
Berrico.*

les figures de notre Seigneur & de St. Vincent, & le Lion de St. Marc ; cette composition est des plus médiocre.

On monte environ trois cents marches; ce long escalier conduit à peu près sur le plateau de la montagne : On compte deux milles à partir des portes de la ville, jusqu'à l'Eglise des Religieux Servites dans laquelle repose la *Santa Madonna*. Cette Eglise est de construction moderne, & n'en vaut pas mieux pour cela : On y a multiplié, ou plutôt entassé des ornemens de tous les genres, mais la plupart mal composés, mal exécutés. Les *Ex-voto*, sont ici dans une telle quantité, qu'ils tapissent entièrement l'intérieur de l'Eglise depuis la base des pilastres, jusques & au-delà de l'entablement.

On doit voir dans le Réfectoire de cette maison un *Tableau*(*) célèbre de *Paul Veronese*. Le sujet est St. Grégoire donnant à manger à cinq Pauvres, parmi lesquels se trouve le Sauveur : Deux Cardinaux entrent dans cette composition. ,, L'ordon-
,, nance de ce Tableau est admirable, il est
,, bien colorié, les figures bien pensées, bien
,, drapées, & de beau caractère." L'enfon-

─────

(*) La masse générale de cette composition, offre à peu de différence près, une répétition du très-beau Tableau du même maître qui repose chez les Dominicains de St. Jean & de St. Paul à Venise. On y retrouve le même fond d'architecture, & presque la même pensée dans les groupes.

cement est considérable & supérieurement rendu ; on y remarque divers épisodes qui répandent un beau mouvement sans gêner, sans interrompre la scène principale : Ce Tableau périt sensiblement; c'est une vraie perte.

<small>Vicenza: *Grotte de Cavali*, Vérone.</small>

La vue dont on jouit des terrasses de cette maison, est de la plus grande beauté ; elle embrasse une étendue de pays considérable ; il en est peu de plus riche & de plus variée.

Une *huitième Merveille* (pour Vicence), est le *Cassin*, appelé par excellence la ROTONDE du Marquis de *Capra*, distante d'un peu plus d'un mille de la ville. C'est un Salon circulaire, qui monte de fond, sur quatre côtés desquels sont pratiqués des péristyles ouverts, formés de six colonnes ioniques, couronnées par un fronton. On arrive à chacun de ces péristyles, par un vaste escalier qui donne une terrasse tournante lorsqu'il est arrivé au plain-pied du Salon, orné intérieurement de peintures à fresque, par le *Flammingo*. En général cette composition pyramide bien ; elle est joliment pensée, & le plus avantageusement située pour produire de l'effet.

La Caverne, le Souterrain, ou la GROTTE *de Cavali*, est renommée à dix ou douze lieues à la ronde ; on en raconte ici mille belles choses : ç'a été dans son origine des carrières, qui depuis long-temps sont abandonnées. Cette grotte est située à moitié chemin environ de Padoue à Vicence ; le détour n'est pas considérable, mais vaut peu la peine d'être fait.

A v

Verona:
Châteaux,
Ponts.

*** La route de *Vicence* à *Verone*, n'eſt pas auſſi agréable pour les voitures que la précédente ; la plaine qu'elle parcourt, eſt extrêmement pierreuſe ; d'ailleurs la culture offre par-tout les plus riches, les plus agréables tableaux : ces deux Villes ſont diſtantes l'une de l'autre de trois poſtes & demie.

VERONE (*). Peu de villes ſont auſſi agréablement ſituées & plus régulièrement bâties : on évalue ſa population à cinquante mille ames. Son enceinte, a près de ſept milles de tour ; elle eſt fortifiée de quelques ouvrages modernes, parfaitement bien entretenus, & défendue par trois *Châteaux* (**), dont deux particulièrement ont pour eux l'avantage d'une aſſez bonne ſituation. L'*Adige* la traverſe ; quatre *Ponts* (***) facili-

―――――――――――――――――――――

(*) Aux *deux Tours*, bonne Auberge.

(**) 1° *Caſtel Vecchio* —— 2° *Caſtel San Pietro* —— *Caſtel San Felice*. Le premier eſt ſitué ſur la rive droite de l'*Adige* : ç'a été la demeure des anciens ſouverains : c'eſt un poſte moins que médiocre. Les deux derniers ſont conſtruits ſur la crête de la hauteur qui commande, & ſur le penchant de laquelle ſe développe une partie de la ville, ſur la rive gauche de l'Adige.

(***) 1° *Ponte del Caſtel Vecchio* —— 2° *Ponte della Pietra* —— 3° *Ponte nuovo*. —— 4° *Ponte dalle Navi*. Le premier ne donne plus, ou très-peu de ſervices ; depuis long-temps les voitures n'y paſſent plus : ſa conſtruction eſt moins belle que hardie. Il eſt compoſé de trois arches, ſur une longueur de trois cents ſoixante pieds ; celle du milieu a cent quarante-cinq pieds d'ouverture : les Véronois ſont très-fiers de ce que cette arche

tent la communication intérieure : Celle extérieure est donnée par quatre *Portes* (*), assez bien ornées.

Les trois *Places* principales, sont ; 1°. Piazza de' Signori, sur laquelle est situé le Palais du Conseil ; bâtiment très-vaste, dans la décoration extérieure duquel on a fait entrer les Statues de *Pline* le Naturaliste, de *Vitruve*, de *Catule*, de *Cornelius Nepos* (que les Véronois prétendent être nés dans leur ville); ainsi que celles d'Æ-

Verona : Portes, Places publiques.

---

est d'un diamètre supérieur à celui du célèbre *Rialto* de Venise. Les habitans de *Brioude* en Auvergne, devroient s'enorgueillir encore plus, puisqu'ils ont une arche de cent quatre-vingt pieds d'ouverture !..
Les trois autres ponts, n'ont rien de remarquable.

(*) Il y en a cinq d'élevées ; quatre seulement, sont journellement ouvertes. 1° *Porta San Zeno*, qui conduit à *Brescia ;* pauvre composition. 2.° *Porta del Palio ;* celle-ci termine la plus belle rue de Verone, dans laquelle se font les courses de chevaux, dont elle a emprunté le nom ; c'est également dans cette rue où la noblesse se promène dans des voitures : cette porte ne sert point : elle est regardée par les gens de l'art, comme un excellent morceau d'architecture ; elle a été construite sur les desseins de *San Micheli.* ━ 3° *Porta Nuova*, qui ouvre la route de Verone à Mantoue ; composition moins bonne que la précédente, mais estimable à bien des égards. ━ 4° *Porta del Vescovo*, par laquelle on arrive de Vicence.━ 5°. Et *Porta San Giorgio*, &c. C'est près de cette dernière, qu'est située l'entrée de plusieurs vastes Souterrains, appelés sur les lieux *le Boccare*. Pauvre curiosité !...

Verona:
Places publiques.

milius *Macer*, de *Jérôme Fracastor*, & enfin du Marquis de *Mafféi* (*), en habit de magistrat. L'érection de ces Statues, fait sans doute honneur à l'administration de Verone, mais très-peu l'éloge des artistes qui les ont produites : Les meilleures sont la seconde & la troisième, que l'on attribue à *Girolamo Campagna*.

2°. *Piazza dell' Erbe*, moins décorée, moins régulière que la précédente, mais plus vaste : On y remarque Verone personnifiée, mauvaise Statue que l'on croit antique, placée pour couronnement d'une fontaine : En opposition une haute Colonne, sur laquelle sont posées les Armes de Venise (**).

3°. *Piazza della Bra*. Celle-ci, est la plus vaste de toutes, mais fort irrégulière ; l'Amphithéatre dont nous allons parler, en fait partie. On y voit le commencement

---

(*) Entr'autres ouvrages de cet homme célèbre, nous indiquons ici, (comme ayant rapport à notre sujet), l'histoire & la description de Verone, sous le titre de la *Verona Illustrata*, &c. in-fol. ornée de beaucoup de gravures. : On en trouve une édition en 2 vol. in-8vo.

(**) Assez près de ces deux premières places est une Tour fort élevée, & du sommet de laquelle, on jouit d'une très-belle vue : Une autre moins dominante, mais plus agréable, est celle prise des Jardins de la maison *Justi*, située près de *Castel San Felice* : Les terrasses dépendantes du Palais *Bevillacqua*, donnent également les plus riches & les plus agréables points de vues possibles.

d'un fort beau PALAIS à l'ufage *del Pro-* *veditore*, dont le *Michel-Ange*, a, dit-on, donné les deffeins : Ce qui eft élevé, eft vraiment digne de ce grand homme ; c'eft un bon fragment d'architecture. La Grand'garde occupe une partie du rez de chauffée.

Verona : Amphithéatre.

L'ARÈNE, ou l'*Amphithéatre*, eft le monument le plus intéreffant de Verone, & à bien des égards, l'un des plus curieux qui fe voyent en Italie : Il eft d'une très-belle confervation, & les foins que l'on donne à fon entretien, lui affurent la plus longue durée : C'eft véritablement ici que l'on peut connoître le mieux les difpofitions générales & locales de ce genre d'édifices, tant multipliés dans les beaux fiècles de la puiffance romaine.

„ Ce bel édifice eft d'une forme ovale ;
„ il a extérieurement quatre cents foixante-
„ quatre pieds de long, fur trois cents
„ foixante-fept de large (*); & treize cents
„ trente-un pieds de circonférence... L'A-
„ rène proprement dite, ou la place vide
„ du milieu, a deux cents vingt-cinq, fur
„ cent trente-trois pieds. Il y a autour de
„ cette Arène, quarante-cinq rangées de
„ gradins, faits de beaux blocs de marbre,
„ qui ont dix-huit pouces de hauteur,

(*) Il diffère de celui de Rome, qui, également à l'extérieur a cinq cents quatre-vingt-deux pieds, fur quatre cents quatre-vingt-deux, & dont la circonférence entière donne un développement de feize cents quinze pieds.

Verona :
Amphithéâtre.

« vingt-six de profondeur ou de giron : Il
« peut contenir vingt-deux mille perſonnes
« aſſiſes, en comptant un pied & demi pour
« chacune... Aux extrêmités du grand axe
« de cette ellipſe, ſont placées deux grandes
« portes, au-deſſus deſquelles s'avance une
« plate-forme ou tribune de vingt pieds de
« largeur, ſur dix de profondeur, fermée
« par une baluſtrade, & qui étoit deſtinée
« (ſans doute) pour les premiers Magiſ-
« trats.... On voit un grand nombre d'au-
« tres iſſues ou vomitoires (*) dans la cir-
« conférence de l'Amphithéatre.... Sa hau-
« teur eſt d'environ ſoixante & dix pieds. »

Une partie de l'enceinte extérieure ſubſiſte ; trois ordres entrent dans ſa décoration : On prétend que cette partie-ci, n'a
jamais été terminée ; d'autres eſtiment, que
ce qui manque de cette enceinte a été poſté-
rieurement détruit. On fait remonter la conſtruction de cet amphithéatre au règne de
Domitien ou de Trajan (**).

Nous allons parcourir rapidement celles

_____

(*) *Vomitorii*, ou iſſues par où les ſpectateurs
entroient & ſortoient.

(**) Voyez pour les détails particuliers de ce
monument les Œuvres de *Deſgodetz*, &c... & plus
anciennement le traité de *J. Lipſe* ſur les Amphithéatres ; & enfin la *Verona illuſtrata*, déjà citée.
En comparant les ruines de l'Amphithéatre de Nîmes ; les débris de celui de Rome, & ce qui reſte
de celui-ci, on peut ſe faire dès-lors une idée juſte
de la diſtribution & des proportions propres à ce
genre d'édifice.

des autres antiquités, qui méritent le plus d'être indiquées.

ARCO ANTICO, appelé également Arco di Vitruvio (*); est situé, près de Castel-Vecchio : le nom de l'artiste célèbre d'après lequel il a été élevé, fait tout son mérite; & ce qui subsiste encore de cet édifice, n'en donne pas une fort haute idée.

PORTA ANTICA; autrement *Porta de' Bosari*; construite sous l'empire de Gallien l'an 252. Cet Arc est très-ruiné, mais la perte est peu regrettable : la composition en est des plus médiocre.

PORTA *del Foro Giudiziale;* ou *Porta di Leone*. Ce dernier Arc est un peu mieux conservé que les précédens; il n'a d'ailleurs guères plus de mérite : mais ces trois monumens sont peu distans, & n'attachent point; ils font perdre peu de temps.

On fait remarquer deux vieilles enceintes, renfermées aujourd'hui dans la nouvelle; l'une construite sous Théodoric vers l'an 490; l'autre sous Galéas Visconti, l'an 1387 : on voit tout cela sans s'arrêter.

LA SALLE DE SPECTACLE, est située à l'une des extrémités de la Place appelée *Bra*: il en est peu qui ayent une entrée plus noble, plus majestueuse : elle est formée par un beau péristyle ouvert, composé de six colonnes d'ordre Ionique d'une belle proportion : Le Buste du Marquis Mafféi, est placé dans cette dé-

_____

(*) Et aussi Arco de' Gavii, parce qu'il a été élevé à l'honneur de la famille de ce nom.

Verona:
Salle de l'A-
cadémie, le
Muséum.

coration… En général elle est d'un bon effet : sans néanmoins être bien. La Salle est vaste & décorée avec quelque goût ; l'avant-scène, sur-tout, fait bien : On compte cinq rangs, de vingt-sept Loges chacun.

Plusieurs Salles de Societé, sont pratiquées dans le rez de chauffée : L'*Académie* tient ses séances dans l'une ; celle-ci est tapissée des portraits des Académiciens & de quelques hommes célèbres : celui qu'on y voit avec le plus de satisfaction, est, sans contredit, celui du Marquis Mafféi.

Une autre Salle est destinée à rassembler journellement la bonne compagnie ; elle est appelée par excellence, *Camere della Conversazione :* „ C'est une espèce de *Ridotto*,
„ ou Cassin, meublé aux dépens du public,
„ où l'on se rend tous les soirs, hommes
„ & femmes, pour le jeu & la conversa-
„ tion (*).

Le Muséum, ou recueil d'Antiquités de l'Académie, a également une entrée sous le vestibule dont nous venons de parler : cette curieuse collection est disposée avec le plus grand ordre sous une galerie (soutenue par des colonnes) (**), qui règne autour d'une

———————————

(*) „ Cet usage qui se trouve dans plusieurs
„ Villes d'Italie, est extrêmement commode pour
„ tout le monde ; personne n'est assujetti aux
„ embarras de tenir maison, de recevoir, de don-
„ ner à jouer ; & personne n'est forcé aux égards
„ dus à ceux chez qui l'on est souvent malgré soi."

(**) Ces colonnes sont d'ordre dorique. On reproche à ce portique trop de petitesse dans ses proportions ; La galerie sous plancher, n'a pas

aſſez belle cour. ,, On y voit des Bas-re- Verona:
,, liefs, des Autels de marbre; des Colon- la Fiera, la
,, nes milliaires; des Tombeaux; des Inſ- Palais prin-
,, criptions orientales, grecques, étruſques, cipaux.
,, latines, ſur le porphyre, le marbre & le
,, bronze, &c." L'entrée principale du Muſéum, eſt convenablement décorée.

L'enceinte où ſe tiennent les deux Foi-
res (*) de *Vérone*, mérite un coup d'œil;
les maiſons & les boutiques ſont commodé-
ment diſtribuées & ſolidement bâties: le plan
de tout cet enſemble, eſt parfaitement entendu. Près de là, eſt un vaſte terrain appelé *Champ de Mars*.

La Douane, eſt auſſi très-bien conſtruite:
cette compoſition eſt ſage & d'un bel effet:
ce bâtiment feroit honneur à une Ville du
premier ordre.

Les *Palais* (ou ſi l'on veut les *Hôtels*)
ſont ici en fort grand nombre: Les plus
remarquables ſont ceux *Bellilacqua*; *Pom-
pei*; *Canoſſa*; *Verzi*; *Pellegrini*, &c. &c.
Le premier eſt aujourd'hui (**), le plus

---

plus de huit à neuf pieds de hauteur, on prendroit volontiers toute cette décoration pour le
modèle d'un vaſte bâtiment qu'on auroit projetté
de conſtruire, & dont on auroit voulu juger de
l'effet.

(*) Elles ont lieu aux mois de mai & de
novembre: cette dernière eſt la plus conſidérable
& la mieux ſuivie: Le ſpectacle eſt alors (communément) ſupérieurement compoſé: c'eſt l'époque la plus brillante de Verone.

(**) Nous diſons *aujourd'hui*, parce que nous
avons remarqué que nombre de collections (dans

Verona:
Cabinets de Tableaux, à Duomo.

intéressant à voir ; on y distingue quelques morceaux de sculpture antique d'un mérite distingué ; plusieurs bons Tableaux de *Paul Veronese*, & une superbe esquisse par le *Tintoretto*, de son grand Tableau du Paradis.

Les *Cabinets* du Comte *Moscardi*, sont une des curiosités de Verone. Les collections des Comtes *Rotari*, *Muselli*, *Rothario*, &c. méritent d'être vues : nous en omettons beaucoup d'autres, dont on nous dit également beaucoup de bien.

LA CATHÉDRALE est un vaisseau de construction gothique, lourd & mauvais dans toutes ses parties. On prétend que les deux figures de Bas-reliefs placées aux côtés de la porte d'entrée, sont celles de *Roland* & d'*Olivier* (deux, d'entre les illustres paladins de la cour de Charlemagne) ; l'exécution en est détestable.

On doit chercher dans la première Chapelle à gauche de cette Eglise, un *très-beau Tableau* du *Titien*, représentant une Assomption de la Vierge.

On remarque un *Crucifix en bronze*, placé au-dessus du Jubé ; ce morceau est d'un grand mérite : il nous a rappelé celui d'après le modèle de l'*Algardi*, que nous avons fait observer en parcourant le Palais Bolognetti, à Rome.

Le Tombeau du Pape *Lucius III*, fait partie des curiosités de cette Eglise.

---

différens genres) que nous avions observées ici & ailleurs, lors de notre premier voyage, n'existoient plus, ou étoient passées en d'autres mains, à l'époque où nous écrivons ceci.

SAN GEORGIO, *Eglife de religieufes* *Bénédictines.* Il faut y voir deux *beaux Tableaux* de *Paul Veronefe*; le premier décore la cinquième Chapelle à gauche; il repréfente St. Barnabé, Apôtre, qui lit l'Evangile fur la tête des Malades. ,, Il eft bien ,, compofé; d'une couleur vigoureufe; les ,, caractères en font variés & d'une belle ,, expreffion, &c...

Vérona: San Giorgio, les Capucins, San Zeno, San Bernardino.

Le Tableau qui décore le maître-Autel, eft le fecond; on y voit St. George qui refufe d'adorer les Idoles: il eft (quoique beau) très-inférieur au précédent.

Saint Jean-Baptifte, qui baptife dans le défert: *Tableau capital* du *Tintoretto*; compofé avec tout le feu poffible; il eft d'ailleurs fièrement deffiné & peint, & bien colorié: ce bon morceau eft placé au-deffus de la porte; on ne pouvoit guères lui donner une place qui lui fût plus défavantageufe.

Dans L'EGLISE DES CAPUCINS, un St. Antoine de Pade, que l'on affure être du *Guerchin*: ce Tableau nous a paru médiocre.

SAN ZENO, *Eglife de Bénédictins*: les portes font de bronze & ornées de Bas-reliefs dans le genre grotefque: le deffein & l'exécution, ne font rien moins que recommandables. Le Bénitier de cette Eglife, eft formé d'un magnifique bloc de porphyre: la coupe du vafe eft mauvaife.

SAN BERNARDINO. La Chapelle de *Pellegrini*, eft exécutée fur les deffeins de *Michel San Micheli*: les gens de l'art prifent beaucoup cette compofition; elle eft véritablement pleine de nobleffe & d'har-

<small>Verona: San Procolo, Terre de Verone.</small> monie ; il en eſt très-peu de ce mérite : le plan en eſt ſimple & grand ; on y déſireroit ſeulement de plus grandes maſſes, & que les morceaux de ſculptures qui y ſont répandus, euſſent été traités par de plus habiles mains.

SAN PROCOLO, Egliſe paroiſſiale : On y vient voir une magnifique *Table de marbre vert antique*, &.... ſi l'on veut, le prétendu Tombeau de *Pépin*, roi d'Italie, qui n'a pour tout mérite que ſon antiquité.

„ *La Terre de Verone*, qui eſt une teinture d'un vert foncé.... fort uſitée dans la peinture à l'huile, ſe trouve à neuf lieues de cette ville ; c'eſt un dépôt cuivreux, formé dans une terre argileuſe par des eaux courantes, qui ſont imprégnées de cette diſſolution de cuivre.." &c.. On trouve de cette terre toute préparée, chez pluſieurs Apothicaires de la ville, de même que des *Poiſſons pétrifiés*, qui ſe rencontrent dans quelques parties d'une carrière ſituée à ſix ou ſept lieues de Verone.

.*** On compte quatorze poſtes de Verone à Milan (*) ; ſavoir, cinq poſtes &

(*) La route de Verone à Milan, doit être dirigée, ſur *Breſcia* & *Bergamo*, par ceux des voyageurs qui ſe ſeront rendus ſoit de *Turin*, ſoit de *Gênes à Rome*, en parcourant les Villes de *Plaiſance*, *Parme*, *Modène*, &c. Les circonſtances qui nous firent diriger directement de *Gênes* ſur *Florence* & *Viterbo*, nous néceſſitèrent, arrivés à *Verone*, d'abandonner la route de *Breſcia* & *Bergamo*, & de prendre celle de *Mantoue* & de *Modè-*

demie de Verone à Brescia ; quatre postes *Forteresse de* de Brescia à Bergamo ; & quatre postes & *Peschiera,* demie de Bergamo à Milan : en sorte que $^{\text{lac Guar-}}_{\text{dia.}}$ la distance totale de Venise à Milan, est de vingt-deux postes, faisant cent quatre milles d'Italie.

Les quatre premiers milles de cette route, ne présentent point un pays aussi riche, aussi agréable que le précédent ; les sables dominent sur toute cette longueur de terrain ; le sol devient successivement meilleur, & très-bon aux approches du Bourg & de la *Forteresse de* PESCHIÈRA : elle est construite sur le *Mincio*, immédiatement à sa sortie du lac *Guardia* (*) : Cette forteresse, jouit dans le pays de la réputation d'être très-forte, les Vénitiens y entretiennent une petite garnison. Tout ce que l'œil apperçoit des bords de ce lac (pendant près de trois milles) est fort peuplé ; on y remarque de riches cultures, & nombre de belles Maisons de campagne.

·ne, pour remonter ensuite à *Milan*, par la belle route de Parme & de Plaisance. Nous donnons donc ici par forme de mémoire, l'Itinéraire de la route de Verone à Milan par Brescia ; & nous reprendrons ensuite celle de Verone à Mantoue, à Modène, Parme, Plaisance & Milan.

(*) Ce *lac* a, dit-on, trente-cinq milles dans sa plus grande longueur, à compter depuis *Peschiera* jusqu'au fond du lac dans les Alpes ; & quatorze milles dans sa plus grande largeur : La pêche en est si abondante, qu'elle est affermée par l'état, *vingt-six mille livres.*

Brescia: Citadelle, Palazzo publico, Cathédrale.

BRESCIA : on donne à cette Ville quatre milles de tour, & on estime sa population à environ quarante mille ames : Elle est entourée de fortifications du moyen âge & de quelques bons ouvrages modernes ; le tout très-bien entretenu : Les remparts, dont on peut faire en partie le tour, donnent une promenade très-agréable, indépendamment des avenues qui précèdent les portes, qui sont très-belles. La rivière de *Garzo*, traverse une partie de la ville ; elle y fait mouvoir un nombre prodigieux de différens moulins.

La *Citadelle* est construite sur un rocher au couchant de la ville : On la croit très-forte sur les lieux, quoiqu'elle soit visiblement dominée par une hauteur d'un accès assez facile. La superbe vue dont elle fait jouir, dédommage les curieux qui se donnent la peine d'y monter.

PALAZZO PUBLICO (*) : Une partie de ce grand édifice, a été détruite par les flammes, ce qu'elles ont épargné donne encore une très-belle façade. Les Salles ,, principales sont ornées de Tableaux & ,, de peintures à fresque, qui paroissent de ,, bonnes mains.''

LA CATHÉDRALE est un fort beau vaisseau ; le plan en est bien pensé ; la dé-

_____

(*) Plus communément appelé *Palazzo Bruletto*... ,, Il a été commencé en 1492, sur les ruines d'un Temple de Vulcain, & il essuya un incendie considérable, en 1575... une partie de cet édifice est du *Palladio*.

coration l'est moins : Les masses y sont trop subdivisées, & on y a trop prodigué les ornemens ; enfin ces mêmes ornemens, sont par eux-mêmes d'un mérite médiocre.

„ On conserve dans le *Tréfor* de cette Eglise un petit Etendard ou Oriflame de Constantin, appelé *Croce del Campo*, oro *e fiama*, ou *Laboro Imperiale*, qui est d'un bleu céleste, avec une croix rouge au milieu (*).

LE PALAIS ÉPISCOPAL, est compté entre les beaux bâtimens de la ville : On dit l'intérieur fort orné (**).

Brescia : Palais Episcopal, Bibliothèque publique, diverses Eglises & Palais.

―――――――――

(*) „ La tradition veut que ce soit une Image „ contemporaine de cette Croix qui apparut, „ dit-on, à Constantin, lorsqu'il étoit sur le „ point de combattre le tyran *Maxence*."

(**) *La Congrega*, autre bâtiment de mérite sur la même place de l'Evêché. Peu loin de cette place, on trouve *la Carita* ou *le Convertite*, dont l'Eglise contient des Tableaux estimés ; on y voit aussi un modèle exact de la *Santa Casa de Lorette*... Encore dans le voisinage, la *Casa Martiningo Cesaresco*, & la *Casa Gambara*, qui sont remarquables par leur architecture, & par des Tableaux de prix.

Dans *Santa Giulia*, Eglise de Bénédictines : Le Tableau du maître-Autel est du *Procaccino*; il représente la Transfiguration du Sauveur.

On rencontre dans ce quartier-là, la *Casa Peparoli*, qui contient de beaux appartemens & des Tableaux de prix ; la *Casa Bargnani*, d'une belle architecture, *Palazzo Caldni*; & la *Casa Ugeri*... On voit dans celle-ci, une Résurrection de *Raphaël*; un portrait célèbre par le *Titien*, & un

Brescia: Palais Épiscopal, Bibliothèque publique, diverses Églises & Palais.

LA BIBLIOTHÈQUE PUBLIQUE, occupe un bâtiment voisin de l'Évêché : Elle est considérable.

LA MADONNA *delle Grazie*, Eglise dépendante de la maison des ci-devant Jésuites, fort ornée & dans laquelle on voit quelques bons Tableaux de peintres modernes.

LA PACE, ou *Filippini*; Eglise moderne joliment décorée : On y voit deux Tableaux estimés de *Pompeo Battoni*, peintre récemment décédé à Rome.

SS. NAZARO E CELSO ; la seconde Eglise de Brescia ; on doit voir sur le grand-Autel, un *Tableau du Titien très-beau* ; mais disposé assez singulièrement. ,, Il est divisé en ,, cinq espaces ; dans les deux supérieurs, ,, on voit la Vierge qui reçoit l'Annoncia- ,, tion de l'Ange Gabriël ; le Tableau du ,, milieu représente la Résurrection du Sau- ,, veur, il est parfaitement composé, bien ,, peint : à droite St. Lazare & St. Celse ; ,, à gauche St. Sébastien. Les volets qui ,, ferment ce Tableau (*) sont peints par

le

---

par *Paul Veronese*; une Suzanne du *Bassan*; la Modestie & la Charité du *Guide*.

(*) Ce Tableau a été donné à cette Eglise par *Attovello Averoldi*, Evêque de Brescia.——— Dans le voisinage de cette Eglise, est celle appelée *Miracoli*, l'une des plus ornées de la ville : elle a beaucoup de mérite. *Santa Agata* ; on voit dans cette Eglise trois belles Statues, par *Antoine Calegari* ; l'une représente Ste. Agathe, Ste. Lucie, Ste. Apollonie, &c. &c. La *Casa Martininghi del conte Sylvio*, est une belle maison où

il

„ *le Moretto.*" Malgré cette précaution ce beau morceau périt.

Brescia: Palazzo Avogadri, diverses Eglises & Palais.

PALAZZO *Avogadri*. La collection de Tableaux qui ornent ce Palais, est nombreuse & fort estimée; on remarque de préférence les suivans : Une femme couchée à demi nue; *très-beau Tableau* du *Titien*.

Du *même*; le Portrait d'un Vieillard.

Du *même*; une Femme vêtue de blanc.

Un St. Jean; du *Guerchin*.

Un St. François; par *Andrea del Sacchi*.

Jesus-Christ à la colonne; de *George Vasari*.

Une Adoration des Mages; de *Paul Veronese*; „ figures de demi-grandeur, frais de „ couleur; d'une composition excellente; „ toutes les têtes sont du plus beau carac- „ tère.

il y a des jardins élevés, très-agréables & très-ornés.

Le *Palazzo Fé*, d'une belle architecture moderne, est dans le voisinage.

Près de la *Piazza delle Erbe*, on voit une petite Eglise de la Vierge bâtie par *Palladio*. — *Casa Martiningo dell' Aquilone*, que l'on rencontre près de là, est une belle & grande maison de l'architecture du *Palladio*, &c. —— On trouve ensuite le *Pescaria*, Place que l'on a construite pour la vente du poisson, avec des bancs en pierre de taille. —— *Il Corso de' Parolotti*, c'est une rue dont toutes les maisons sont peintes en dehors, par *Lattanzio Gambara*.

„ *San Laurenzo*, est une Eglise toute neuve, petite, mais très-ornée... les Autels sont revêtus de marbres fins... celui de la Vierge est entièrement de lapis lazuli, &c."

Tome IV. B

Brescia: Santa Afra.

Une Marine; *de Salvator Rosa.*

De *Jacques Palma,* une Nativité, & un Christ mort; figures de grandeur naturelle.

Charles-Quint, jouant de l'orgue aux pieds de sa Maîtresse; par le *Titien* (*).

Hercule étouffant un Lion; par *Rubens*; „ très-beau Tableau, chaud de couleur & „ de composition.

Une chaste Susanne; du *Guide.*

Du *même;* une Tête de Magdelaine pénitente.

Du *Solimeni;* un St. Michel qui foudroye les mauvais Anges : Du *même,* la Samaritaine; petit Tableau très-agréable, &c.

SANTA AFRA (**), *Église des Clercs réguliers :* Le Tableau qui décore l'Autel de la seconde Chapelle à gauche, est de *Paul Veronese;* il représente le Martyre de la Ste. Titulaire. „ Il est d'une magnificence de composition qui étonne, presque toutes les figures y sont d'une beauté & d'une variété de caractère admirables."

La Femme Adultère; *très-beau Tableau du Titien,* & de la plus heureuse conservation.

Dans une Chapelle derrière le chœur, un très-bon Tableau du *Procaccino;* re-

---

(*) „ C'est le seul Tableau de ce prince qui „ soit en grand; si c'est une copie, comme on „ le croit, elle est très-bonne.

(**) „ *La Casa Martiningo Colconi,* est près „ de cette Église. On y voit un Escalier très„ noble, & une belle façade qui ornent la Place „ St. Alexandre.

présentant deux Evêques, auxquels la Vierge apparoît dans une Gloire : il est beaucoup dans la manière de Rubens.

  „ Au fond de l'Eglise une Transfigura-
„ tion; par le *Tintoretto*, &c.

  „ Le Théatre de Brescia (*) est très-
„ grand, & la Salle est belle." Il est ouvert près de neuf mois de l'année, & communément assez bien monté. En général, cette ville annonce une aisance peu commune ; il y règne un mouvement considérable ; parce qu'outre la fabrication des Armes, qui s'y soutient avec réputation, d'autres branches de commerce & d'industrie s'y sont successivement développées, établies, prospérées : rien ne peint mieux l'heureuse situation de ses habitans, que cette immense multitude de jolies Maisons de campagne dont la colline & la plaine sont couvertes.

  *** *La route de Brescia à Bergame*, est peu douce pour les voitures ; elle est constamment formée de gros cailloutages, sur lesquels les meilleurs chevaux bronchent sans cesse ; le pays d'ailleurs qu'elle traverse est cultivé avec une intelligence & une industrie, qu'on ne peut se lasser d'admirer.

BERGAME: Cette Ville se développe

(*) On trouve sur les lieux, une petite brochure in-4°, de deux cents pages environ, ornée de quelques gravures, qui indique dans le plus grand détail, tout ce que cette Ville offre d'intéressant & de curieux.

B ij

Bergame:
Palazzo
Vecchio &
Nuovo, il
Duomo,
Santa Maria
Maggiore.

en amphithéatre fur le penchant d'une colline peu élevée, au fommet de laquelle eft un Château fortifié, dont la fituation paroît affez forte : deux autres forts, font conftruits plus bas, & les ouvrages qui les défendent paroiffent s'unir aux fortifications du corps de la place.

On voit fur la *Place* (pratiquée dans la partie fupérieure de la Ville) ,, le PA„ LAIS *Vecchio*, où l'on tient les audiences ,, & où l'on rend la juftice; & le PALAZZO ,, *Nuovo*, où fe tiennent les confeils de vil„ le, & dans lequel il y a quelques pein„ tures à voir.

,, La chofe la plus remarquable à Berga„ me, eft le BATIMENT DE LA FOIRE ; conf„ truit récemment en pierres de taille ; il ,, renferme plus de fix cents boutiques, & ,, il y a une grande place au-devant; elle ,, eft dans un faubourg au bas de la monta„ gne : cette foire commence le vingt août, ,, & dure huit jours.

On compte vingt-quatre ou trente, Eglifes ou Couvens à Bergame : Les principales font, la Cathédrale, Ste. Marie Majeure & Sainte-Grata.

La CATHÉDRALE eft un grand & beau vaiffeau, noblement décoré ; on y remarque quelques Tableaux du *Tiepoletto* & Sébaftien Ricci : ce ne font point de merveilleufes chofes.

SANTA *Maria Maggiore*. La Chapelle & le Maufolée de *Barthélemi Coglione*, ou Colconi, y attire volontiers les curieux; l'un & l'autre ont néanmoins fort peu de mérite; la réputation de ce guerrier célè-bre, fait leur plus grand luſtre.

Quelques Tableaux du *Tiépoletto*; de *Léandre Baſſan*, & du Cavalier *Liberi*. „ Au plafond de la nef vis à vis le chœur, „ un *grand Tableau* de *Luca Giordano*, „ repréſentant Pharäon ſubmergé... l'or- „ donnance en eſt belle, les plans bien „ obſervés; il eſt harmonieux & l'un des „ meilleurs de ce maître.

„ SANTA *Grata*, eſt une Egliſe de reli- „ gieuſes nouvellement rebâtie avec beau- „ coup de magnificence, d'ornemens & de „ dorures."

On voit dans l'EGLISE *des Auguſtins*, le Tombeau d'*Ambroiſe Calpin*; célèbre par le Dictionnaire qui porte ſon nom.

Entre les Palais, hôtels, ou belles mai-ſons qui ornent Bergame, on indique les Palais *Terſi*; *Sanchi*; *Bettammi*; *Sozzi*; *Macaſolli*, &c.

⁎ De Bergame, à la *Canonica*, la na-ture du chemin diffère peu du précédent : Entre le bourg de la Canonica & *Colom-barolo*, on paſſe *l'Adda* dans une barque, & ce paſſage eſt peu de choſe, lorſque ce fleuve eſt dans ſon baſſin ordinaire. Le che-min dès-lors plus doux, plus agréable; la culture eſt auſſi plus variée, plus riche, & l'on arrive à Milan, partie en longeant le canal (appelé Naviglio della Marteſana), & partie entre une double allée d'arbres, de la plus grande beauté.

Nous allons rétrograder ſur Verone, pour

reprendre la route de Mantoue : la description de Milan, se trouvera plus bas.

Route de Venise à Milan, par Padoue, Vicence, Verone, Mantoue, Parme & Plaisance.

VOYEZ pour l'*Itinéraire* de cette route depuis Venise, jusqu'à Verone, ci-devant page 1ère, & suivantes.

⁎⁎* ON compte trois postes & demie de Verone à *Mantoue*. Le chemin durant les deux premières postes, est couvert de cailloux ; le terrain d'ailleurs est fort abondant & bien cultivé. Quelques milles avant d'arriver au village de *Roubella*, éloigné de deux postes & demie de Verone, on passe sous les murs de la petite Ville de *Villa-Franca* ; peu après on quitte le territoire de Venise. De Roubella à Mantoue, le chemin ne cesse plus de longer des digues & levées pratiquées entre de vastes & riches pâturages : Toute cette campagne est très-belle, & cependant elle n'est pas fort peuplée.

MANTOUE (*). La situation de cette Ville est peu commune ; elle occupe une isle baignée par le *Mincio*, dont les eaux forment ici un très-vaste lac, moins profond que ma-

---

Avis utile. (*) *Ses portes se ferment avec rigueur ; il est bon de s'arranger en conséquence : Les visites de la Douane s'y font aussi avec une rigidité qui fait perdre beaucoup de temps : C'est d'ailleurs un fort mauvais gîte : Le* Lion d'or, *qui passe pour la meilleure Auberge de la Ville, est exactement mauvaise, dans toute la force de l'expression.*

récageux : deux feules digues, ou levées lui donnent communication avec la terre ferme. La levée que l'on traverfe en arrivant de Verone, n'a pas moins de cinq cents pieds de longueur; celle oppofée (par laquelle on fort pour fe rendre à Crémone, ou à Guaftella), en a près de douze cents. Indépendamment de fa fituation, Mantoue, eft encore entourée de fortes murailles terraflées, de quelques ouvrages avancés & d'une citadelle d'une bonne défenfe: l'Empereur, y entretient une garnifon de deux à trois mille hommes. On évalue fa population à dix à douze mille ames (*) ; on y compte dix-huit Paroiffes & quatorze Couvens. Tout y préfente encore l'empreinte de fa première fplendeur ; beaux bâtimens, tant publics, que particuliers ; belles places ; belles rues... & il y règne encore un ton d'aifance, & quelque mouvement.

LA CATHÉDRALE mérite d'être vue : Le plan eft fingulièrement traité ; il a de l'effet, mais il paroît manquer de nobleffe : c'eft néanmoins une compofition très-digne de *Jules-Romain*, auquel généralement on l'attribue.

(*) Sous les règnes de fes derniers fouverains, on y comptoit (dit-on) *cinquante mille ames !* mais alors cette Ville n'avoit pas effuyé tous les malheurs qui l'ont dévaftée & en partie détruite : les époques qui lui ont été les plus funeftes, font celles de 1630, 1701, 1734. La première furtout; *Colalto*, Général des troupes de l'empire, l'emporta d'affaut & elle effuya toutes les horreurs qui en font les fuites.

Mantoua: Il Duomo, San Andrea.

On voit ici un Tableau de ce maître, repréſentant le Sauveur appelant les Apôtres : il eſt placé vis à vis de l'orgue, à la gauche de la Chapelle du St. Sacrement.

Sur l'Autel de la première Chapelle à droite, un Tableau du *Guerchin*, repréſentant un Miracle opéré par St. Eloi.

La Tentation de St. Antoine; *Tableau ſupérieur* de *Paul Veroneſe :* Un Diable tient le Saint à la gorge & s'apprête à le maltraiter ; une Femme très-jolie, prête ſon ſecours au Diable en faiſant effort pour retenir une des mains du Saint & l'empêcher de ſe défendre. Les figures ſont de grandeur naturelle & du plus bel effet. Ce morceau précieux a beaucoup ſouffert : il eſt placé dans la Salle du Chapitre, attenant la Sacriſtie.

SAN ANDREA. Les amateurs viennent voir dans cette Egliſe *deux Tableaux à freſque,* que l'on attribue à *Jules-Romain :* l'un repréſente le Crucifiement du Sauveur ; l'autre un Évêque priant entouré de beaucoup de peuple. Le premier eſt le mieux conſervé : Tous deux ſont placés dans la troiſième Chapelle à droite ; ils ont beaucoup perdu de leur coloris, mais ce ſont deux belles compoſitions que les artiſtes ont intérêt de connoître.

On remarque dans la croiſée de cette Egliſe à droite, deux grands morceaux de détrempe : l'un repréſente St. Etienne diſtribuant des aumônes; l'autre le Martyre du même ſaint. Ces morceaux ſont bien compoſés, & font beaucoup d'effet.

Le Tombeau d'*André Mantegna* (maître du célèbre *Correge*), est élevé dans une Chapelle à gauche; on y voit sa Statue en bronze : ce n'est pas une belle pièce. Le Tableau de l'Autel, qui a pour sujet la Naissance de saint Jean-Baptiste, est de cet ancien maître.

<small>Mantoua : San Maurice, J. Gesuiti, Palazzo Ducale.</small>

SAINT-MAURICE, *Eglise de Théatins*. Le Tableau de la troisième Chapelle à droite, est d'*Annibal Carrache*; il représente le Martyre de Ste. Marguérite : Ce n'est pas un des beaux, mais c'est un des bons morceaux de ce maître.

On trouve ici plusieurs Tableaux de *Louis Carrache;* une Annonciation, placée sur l'Autel de la seconde Chapelle à droite; St. Jean & St. François, chacun dans le désert, deux sujets qui remplissent les lunettes de la Chapelle opposée à la précédente.

Dans l'EGLISE *des ci-devant Jésuites*, au Sanctuaire à droite, *la Transfiguration* (*) *du Sauveur*, par *Rubens*.... „ Ce Tableau est un peu dur de tons, mais l'ordonnance en est admirable. "

PALAIS DUCAL, aujourd'hui du Gouver-

(*) „ Il a choisi le même sujet que *Raphaël*,
„ en y introduisant un Démoniaque, mais où il
„ est entièrement différent de ce maître, soit dans
„ le général de la composition, soit dans toutes
„ les attitudes, les caractères & même dans le site.
„ Il n'a pas coupé son sujet en deux; il a mieux
„ lié son épisode avec le sujet principal, en le rap-
„ prochant du haut de la montagne; le sujet est
„ bien, quoiqu'il n'ait pas toute la vérité qu'on
„ pourroit y désirer.

B v

Mantoua: Palais principaux Palais du T. nement. Ce bâtiment est fort vaste, mais peu & mal décoré ; on remarque qu'il s'est successivement étendu, sans qu'on ait cherché à mettre quelque régularité dans la forme générale. „ Le Cabinet & le Trésor de „ Mantoue, étoient fameux dans le com- „ mencement du dernier siècle ; " l'un & l'autre furent pillés & dissipés, lors & ensuite de la prise de cette place en juillet 1630 : Il n'y est resté que ce qui n'a pu être enlevé & transporté ailleurs : Tels sont les *Plafonds* & quelques Fresques que les curieux viennent chercher dans ce Palais : Une partie de ces Plafonds passent pour être de *Jules-Romain*, ou du moins d'après ses desseins, & exécutés sous ses yeux, par ses meilleurs élèves. Les moins gâtés sont ceux de la Galerie & des deux Salles qui la précèdent & la suivent : On voit dans l'un, le *Lever de l'Aurore*; *l'Assemblée des Dieux*; Apollon sur son char, est le sujet du troisième : les autres sont presque entièrement effacés, dégradés, perdus. Le premier, entre les trois que nous indiquons, est du plus bel effet possible ; l'assemblée des Dieux, est également un très-beau morceau ; le troisième est moins chaud de composition, il ne plaît pas autant, il arrête moins que les précédens.

Parmi les édifices particuliers de Mantoue, on remarque le *Palais de Gonzague*, construit sur les desseins de *Jules-Romain* ; on y voit quelques Peintures estimées, nommément un *très-beau Plafond* du *Tintoretto*, représentant l'enlèvement de Ganimède.

—— *Palazzo della Giustizia*, dans lequel est une Statue de Virgile, mais mauvaise : celui du Comte *Manzelli* ; celui *Valenti*, &c. &c. On invite également de voir le *Théâtre* ; le *Moulin* (*) *des douze Apôtres* ; *la Boucherie*, &c. (**)

Le *Palais du* T (***), est situé au midi de Mantoue, dont il est distant de deux milles au plus : il a été élevé sur les desseins de *Jules-Romain*, qui y a peint la plupart des plafonds & des morceaux à fresque. Le plan n'est pas heureux dans toutes ses parties, & la distribution générale, n'est pas non plus supérieurement pensée. Le caractère de la décoration, a sans doute de la grandeur, mais il nous semble dépourvu de grâces & d'élégance : le portique qui s'a-

_____

(*) Ce Moulin, ou plutôt ces douze Moulins, sont pratiqués sur la digue qui traverse le lac, & qui conduit de Brescia, à Mantoue ; ils sont construits sous une longue voûte sous laquelle passe le chemin. Cette curiosité, si c'en est une, est assez peu intéressante.

(**) On peut voir encore l'*Eglise Sainte-Thérèse* ; le maître-Autel & le Tabernacle sont de la plus grande richesse.

L'*Eglise des Quarante Heures*, renferme quelques Tableaux estimés, & plusieurs Statues en plâtre, par le *Barbarigo* : Le principal portail est fort orné, & d'un assez bon goût.

(***) „ Ainsi nommé de son plan qui ressem-
„ ble véritablement à cette lettre ; l'entrée prin-
„ cipale est à la partie inférieure du T ; l'archi-
„ tecture de la façade & de la cour qui la suit,
„ est très-belle."

Mantoua: vance vers le jardin, est la partie que nous
Palais du T. croyons la mieux traitée, la plus digne d'é-
loge (*).

Les Appartemens doubles distribués sur la
ligne perpendiculaire du T, n'ont rien de
remarquable; les six pièces qui font face
au Jardin (& qui forment la tête du T), sont
les seules qui méritent d'être vues pour la
beauté des plafonds qui les décorent : On voit
dans la première à gauche, la chute de Phaë-
ton : c'est le mieux conservé de tous.

Dans la Pièce suivante; le *Combat des Ho-
races & des Curiaces*, est le sujet dominant;
beau morceau, mais moins précieux que le
précédent.

Dans la troisième Pièce; l'*Histoire de Psy-
ché, ou le Banquet des Dieux* (**) : Un grand
Tableau dans la même pièce, & par le *même*,
représentant „ Vénus retenant Mars irrité,
„ qui veut poursuivre un Homme qui s'en-
„ fuit effrayé, &c.

(*) „ Cet édifice singulier a été construit &
„ décoré par *Jules-Romain*, qui y a passé la plus
„ grande partie de sa vie, aimé du Prince, es-
„ timé de tous. C'est là que l'on voit ses princi-
„ paux ouvrages." Les cendres de cet homme
célèbre reposent dans l'Eglise de *San Barnaba*;
on ne lui a élevé aucun monument : la maison
qu'il occupoit est située vis à vis du Palais de
Gonzague, construit sur ses desseins.

(**) Ce sujet, le même quant au fond, que
celui du petit Palais *Farnese* à Rome, n'ôte point
à cette composition, le mérite d'être originale;
c'est la même pensée, différemment exprimée.

Dans la première Pièce à droite, on remarque des frises de relief en ftuc qui repréfentent des Marches d'armées; „ les fujets „ femblent être pris de la colonne Trajane „ & Antonine."

Mantoua: Palais du T

Dans la feconde Pièce; Jules-Cézar précédé de fes Licteurs, & plufieurs Médaillons, dont le principal repréfente la Continence de Scipion : la frife de cette pièce eft également traitée en ftuc, &c.

Dans la troifième, la partie dominante du *Plafond*, repréfente *la Chute des Géans*. „ Ils font tous de proportion coloffale; par„ faitement groupés, & la vérité de l'ex„ preffion eft fi frappante, qu'en entrant „ dans cette chambre, on imagine que ces „ groupes détachés tombent réellement : au„ deffus eft l'affemblée des Dieux, préfidée „ par Jupiter foudroyant : *cette compofition „ eft de la plus grande beauté.*

„ Cette Chambre eft entourée d'une mu„ raille de briques & d'une architrave de „ pierre peinte avec une vérité qui fait il„ lufion.

Cette partie du Château, eft la feule un peu refpectée; tout le refte paroît être abandonné à de pauvres gens qui s'y font établis: on regrette beaucoup la perte des peintures & des arabefques dont ces mêmes pièces étoient ornées, & dont on ne voit actuellement que de très-foibles veftiges.

La porte par laquelle on fort de Mantoue, porte le nom de *Virgiliana*, du nom d'une Maifon de plaifance conftruite par les derniers Ducs, près du village d'*Andès* (pa-

Mantoua: trie de Virgile) aujourd'hui nommé *Pie-*
Guaſtella. *tola*, ſitué à deux milles de Mantoue: cette
belle Maiſon a été détruite dans la guerre
de 1701.

⁂ On compte deux poſtes de Mantoue,
à Guaſtella; & quatre poſtes de Guaſtella,
à Parme; ce qui donne ſix poſtes, ou 52
milles.

On paſſe le Pô (qui eſt ici fort large)
ſur un Pont volant à la ſortie de *Borgo-*
forte, première poſte en partant de Mantoue. Cette route eſt aſſez agréable; le paſſage du Pô, ne l'eſt pas toujours; mais on
ſait la ſituation de ce fleuve avant même
Mantoue, & l'on dirige ſa marche en conſéquence.

GUASTELLA (*), Ville capitale du
Duché de ce nom, ſituée ſur la rive droite
& près du Pô (**): ſon étendue eſt peu
conſidérable, mais elle eſt joliment bâtie:
preſque toutes les rues ſont décorées en
portiques. La grande Place eſt régulière &
fort vaſte: On n'y remarque d'ailleurs nul
mouvement, nulle vie; on croit être dans
un cloître de Chartreux, ou de Camaldu-
les; rien n'eſt plus ſilencieux, plus triſte.

On va voir ſur la *petite Place* qui pré-

_____

(*) *A la Poſte*, très-bonne Auberge.

(**) C'eſt dans cette partie du territoire de
Guaſtella, que ſe donna la bataille qui a retenu
ce nom, le 19 ſeptembre 1734, & que les François gagnèrent.

cédé l'Eglife principale, un *Groupe* traité en *bronze*, repréfentant un Héros qui foule un Ennemi à fes pieds : Ce groupe eft porté fur un piédeftal de marbre. Ce monument eft médiocre dans toutes fes parties. Parma: Grande Place.

.*. Les quatre poftes qui féparent Guaftella de Parme, fe font par un fort beau chemin ; on ne relaye qu'une feule fois ; c'eft au village de *Brefcello*. Les approches de Parme, font très-agréables ; la culture y devient plus variée, & la campagne plus riche, plus peuplée.

PARME (*), eft fituée dans une affez grande plaine ; la petite rivière de *Parma*, la traverfe & va fe rendre dans le Pô, à quatre lieues environ plus bas. L'enceinte intérieure de la ville, donne un développement de près de cinq milles : Quelques ouvrages modernes, ont été ajoutés aux anciens remparts : En général cette place feroit d'une défenfe médiocre, fans la *Citadelle*, qui a la réputation d'être trèsforte : Elle eft fituée au midi de la ville.

Parme eft bien bâtie ; on y voit nombre de longues & larges rues, particulièrement celle qui fert de cours : On croit que la population peut monter à quarante mille ames.

LA PRINCIPALE PLACE eft d'une belle grandeur & avantageufement percée ; deux de fes côtés font décorés en portiques :

(*) *Au Paon*, très-bonne Auberge.

<small>Parma :
Tutti li Santi, J. Capuccini.</small>

L'*Hôtel-de-ville*, eſt le bâtiment le plus remarquable qui s'y trouve placé : Tout cet enſemble fait très-bien. On a récemment élevé ſur cette place un Monument qui conſacre la double Alliance des maiſons de Bourbon & d'Autriche : Cette compoſition eſt traitée dans le goût de l'antique : Elle eſt d'une penſée ſimple & noble à la fois : L'exécution, ſans être ſupérieure, eſt ſatisfaiſante.

Tutti li Santi ; Egliſe de tous les Saints : On y admire un Tableau de *Jean Lanfranc* (*), le plus beau qu'il y ait à Parme de ce maître : Il y a exprimé ſans confuſion toutes les Hiérarchies céleſtes ; les Vierges, les Martyres, les Confeſſeurs, les Anachorètes, les Veuves, &c... chacun avec des caractères particuliers.

J. Capuccini. Le Tableau placé ſur le maître-Autel de l'Egliſe des Capucins eſt une des productions d'*Annibal Carrache* les plus eſtimées : on y voit la Vierge s'évanouiſſant à la vue du Chriſt mort : un groupe d'Anges, la Magdelaine, Ste. Claire & St. François, agiſſent dans cette compoſition. ,, Ce morceau eſt bizarrement penſé.... malgré tout cela, c'eſt un des ouvrages de ce maître le plus admiré & même ,, *l'un des beaux Tableaux d'Italie.*"

St. Louis & Ste. Eliſabeth ; deux Tableaux placés au-deſſus des portes pratiquées de l'un

---

(*) ,, *Giov. Lanfranchi*, eſt né à Parme, & mort à Rome en 1647."

& de l'autre côté de l'Autel, font également du *même* Maître.

On voit dans la première Chapelle en entrant à droite, un *très-beau Tableau* du *Guerchin;* repréſentant un Chriſt en croix; St. Jean, Ste. Cathérine & d'autres Saints, enrichiſſent cette compoſition : elle eſt peinte dans la ſeconde manière de ce maître.

PALAIS DUCAL. Ce bâtiment eſt aſſez médiocre, il n'eſt point fini, & ne le ſera probablement jamais : divers arrachemens qui ſubſiſtent, indiquent un très-vaſte projet; & c'eſt vraiſemblablement ſa trop grande étendue, & la trop forte dépenſe qu'il néceſſitoit, qui n'auront pas permis de l'exécuter entièrement : la diſtribution eſt d'ailleurs eſtimable; & les appartemens meublés noblement & avec goût. La GALERIE (ſi célèbre ſous les règnes des *Farneſes*) eſt aſſez vide (*) aujourd'hui : on y a placé ce que les fouilles faites dans les ruines de *Velléia* (**), ont produit juſqu'ici de plus in-

---

(*) On y voyoit plus de trois cents Tableaux originaux ; une riche collection d'antiques ; de Médailles, & d'Hiſtoire naturelle. Lorſque *Don Carlos*, quitta Parme pour aller prendre poſſeſſion du royaume de Naples, il y fit tranſporter généralement toutes ces raretés : elles ſe trouvent dépoſées aujourd'hui à *Capo di Monte*, mais partie altérées, gâtées & diſperſées dans un déſordre dont les amateurs gémiſſent.

(**) *Velléia*. ,, Les reſtes de cette ancienne ,, Ville ſe voyent à ſept lieues au midi de Plai,, ſance.... Elle étoit ſituée au pied de deux hautes

Parma : Palais Ducal.
téreffant ; mais ces fouilles font ingrates & fort difpendieufes : Elles ont donné cependant quelques belles Statues : Entre les mieux confervées, font celles en marbre, repréfentant „ Galba en habit militaire, „ avec fon armure ; une de Néron encore „ jeune ayant au col la *Bulla* ; & plufieurs „ autres également très-belles ; quelques „ beaux Buftes ; des Bas-reliefs d'un ex-„ cellent goût ; une quantité de bronzes, „ nommément „ une Victoire ailée, les bras „ élevés dans l'attitude de foutenir une cou-„ ronne, " mais le travail de celle-ci en eft fec & le deffein peu correct.

Une *Table de bronze*, fur laquelle font indiqués les principaux endroits du pays des *Velléiates*... „ Cette table qui fe rapporte à

„ montagnes... qui font partie de l'Appennin ; ce „ fut l'écroulement d'une partie de ces montagnes „ qui caufa la ruine de *Velléia*... à juger par le „ grand nombre d'offemens qu'on a trouvés dans „ les ruines, & par la quantité de monnoie „ qu'on en retire, les habitans n'eurent pas le „ temps de fe fauver ; ils furent furpris, écrafés „ & engloutis avec toutes leurs richeffes... On „ ne fait pas dans quel temps Velléia fut enfe-„ velie fous ces rochers ; la date de cet évène-„ ment eft probablement du quatrième fiècle.... „ On a commencé en 1760, à faire des fouilles „ dans ces ruines.... On n'eft pas fort avancé, „ parce que la difficulté y eft extrême ; les bâ-„ timens y font couverts de rochers, à plus de „ vingt pieds de hauteur.... le plan de la partie „ où l'on a fouillé jufqu'ici, a été levé, & il fe „ voit entre les autres curiofités de la galerie."

„ un établissement de l'Empereur Trajan, „ est le monument de bronze le plus en- „ tier & le plus considérable qui existe. Parme: Palais Ducal.

„ Une autre Table également de bronze, „ contient des Lois Romaines, qui se trou„ vent dans le Code, &c." Nombre d'Inscriptions à l'honneur de Germanicus, de Vespasien, d'Aurélien, de Probus, &c.

Divers Vases, Ustenciles, Meubles & Dieux Pénates de bronze, de marbre, de terre cuite, &c. Quelques morceaux de Peintures dans le genre grotesque, telles que celles trouvées à Rome dans les Bains de Néron & ailleurs, que Raphaël a si supérieurement imitées, &c....

Mais quelques curieuses, quelques intéressantes que soyent toutes ces choses; elles flattent, elles attachent infiniment moins qu'un des *Chef-d'œuvres* de l'immortel *Correge* (*), connu sous le nom de la *Madonna di San Girolamo*. On y voit la Vierge assise, & l'Enfant Jesus placé sur ses genoux; Ste. Magdelaine est à ses pieds, & se dispose à baiser ceux du Sauveur: „ Son „ visage exprime à la fois, le respect, l'a„ doration, l'amour & la satisfaction.... „ L'Enfant Jesus a une de ses mains passée „ dans ses cheveux... & paroît s'occuper

---

(*) Antoine *Allegris*, né à *Coreggio*, près de Modène, en 1494. Un talent naturel le porta „ vers la peinture; & sans avoir vu les chef„ d'œuvres de Rome, de Florence & de Venise, „ il fut, par l'imitation de la nature, le peintre „ des grâces, le prince des coloristes, & le „ créateur de sa manière.

Parma: Palais Ducal.

„ d'un Livre que tient ouvert un grand
„ Ange placé fur la gauche; à la droite
„ eſt St. Jérôme debout ayant ſon Lion à
„ ſes pieds.... *Ce Tableau eſt un des plus*
„ *beaux & des plus eſtimés qu'il y ait en*
„ *Italie;* la tête de la Magdelaine eſt le
„ chef-d'œuvre du Correge, pour la cou-
„ leur & le pinceau, pour la fraîcheur
„ & la beauté des tons. Les parties ſont
„ deſſinées avec des grâces inexprima-
„ bles (*). "Ce magnifique morceau eſt conſervé dans une armoire; on en a le plus grand
ſoin. (**)

A côté de celui-ci eſt un autre Tableau aſſez généralement reconnu pour une des meilleures productions du *Parmegianino* (***);

(*) Nous avons pluſieurs fois admiré un *morceau* également *ſupérieur de ce maître* que poſſéde M. *Bayers*, Antiquaire, & très-habile Architecte à Rome. Il repréſente *Vénus ſortant du ſein des eaux*. Cette compoſition eſt traitée d'une manière neuve & piquante: Les pieds de la déeſſe poſent ſur l'épaule de deux Tritons qui la voyent chacun pour leur compte d'un côté différent: Elle tient dans ſes mains un voile qui ſemble & paroît l'élever dans les airs. On ne peut pas voir un plus beau corps de femme, un caractère de tête plus fin, plus ſéduiſant, plus voluptueux, & une carnation plus belle & plus vraie. Les deux Tritons, ſont parfaitement dans leur genre: Leur étonnement, leur admiration eſt ſupérieurement exprimée; c'eſt en tout un *ſuperbe morceau*.

(**) Il étoit ci-devant placé dans l'Egliſe des Religieuſes de St. Antoine.

(***) François *Mazzuoli*, ſurnommé *il Parmegianino*, naquit à Parme en 1504; il eſt compté

il repréſente une Adoration des Mages. ,, La
,, compoſition en eſt riche & belle, le co-
,, loris très-brillant & très-vrai." Vu ailleurs, & moins près du précédent, il plairoit,
il attacheroit ſans doute davantage (*).

Parma: Palais Ducal,
Grand Théâtre.

Les *Salles de l'Académie* de Peinture,
de Sculpture & d'Architecture (**), communiquent avec la galerie: On voit dans celles-ci, nombre de morceaux (dans ces trois genres) qui ont mérité, ou concouru pour les prix: dans le nombre nous indiquons de préférence, l'éducation d'Achile, bon Tableau de réception de *Pompeïo Battoni*, peintre vivant à Rome.

Un morceau vers lequel les amateurs reviennent ſouvent, eſt une *Charité Romaine*; beau paſtel, exécuté par feu Marie - Eliſabeth, Princeſſe de Parme, qui avoit épouſé en 1760, l'Empereur actuellement régnant.

GRAND THÉATRE. On n'en connoît point en Europe de l'étendue de celui-ci; on a vérifié qu'il pouvoit contenir au delà de douze mille ſpectateurs: Il a été conſtruit ſur les deſſeins de *Vignole*; la ſalle eſt de forme ovale. Le bâtiment dans œuvre a près

---

entre les plus grands Peintres d'Italie; il eſt mort âgé ſeulement de trente-ſix ans.

(*) Ce Tableau décoroit ci-devant l'Egliſe des Chartreux: des connoiſſeurs ne le jugent pas entièrement de ce maître, ils le donnent à *Jérôme Mazzuoli*, ſon couſin & ſon élève, mais retouché par lui.

(**) Cet établiſſement eſt digne de beaucoup d'éloge; il eſt bien monté, bien conduit; & fortement, & noblement encouragé par le Souverain, dont il eſt l'ouvrage.

Parma : Grand Théâtre.
de soixante toises de longueur, sur seize à dix-sept de largeur : Le Théâtre a un peu moins de vingt toises de profondeur. ,, Le ,, *Proscennium*, ou avant-scène , est décoré ,, d'un grand ordre corynthien , qui com- ,, prend toute la hauteur de la salle, laquelle ,, est de onze toises deux pieds ; les entre-co- ,, lonnemens sont ornés de niches & de Sta- ,, tues. Le pourtour de la Salle est occupé par ,, douze rangs de gradins, à la manière des ,, Amphithéatres Romains & du Théâtre ,, Olympique de Vicence ; ils s'élèvent à la ,, hauteur de vingt-quatre pieds & servent de ,, soubassement aux ordres dorique & ioni- ,, que , dont la salle est décorée : ces deux ,, ordres forment ensemble une hauteur de ,, trente-six pieds : des Loges sont pratiquées ,, dans les entre-colonnemens. L'entable- ,, ment est couronné par une balustrade or- ,, née de Groupes & de Statues : " en retraite de cette balustrade, sont encore distribués plusieurs rangs de gradins.

,, Les deux entrées latérales de la Salle ,, sont formées par deux arcs de triomphe ,, sur lesquels il y a des Statues équestres : ,, au-devant des gradins, règne une balustra- ,, de, dont les acrotères ou piédestaux sup- ,, portent des Génies qui tiennent des torches ,, pour éclairer la Salle.

,, L'espace vide qui se développe entre ,, le Théâtre & les gradins (ce qui formeroit ,, ailleurs le parterre), a vingt toises de pro- ,, fondeur.... Il paroît avoir été destiné à ,, des spectacles de Naumachie. "

,, Malgré l'immensité de ce Théâtre, il a

„ la propriété singulière d'être très-favora-
„ ble à la voix;" l'épreuve en est facile, &
réussit d'une manière qui étonne & satisfait
toujours. Ce Théâtre depuis quarante-cinq
ans ne sert plus. Les gens de l'art estiment
beaucoup la coupe, & la hardiesse du trait
de cette charpente.

<small>Parma :
grand & petit Théâtres, Il Duomo.</small>

Attenant cette grande Salle, en est une
autre, décorée (dit-on) sur les desseins du
Cavalier *Bernin*; celle-ci peut contenir deux
mille cinq à six cents spectateurs : elle est
noblement traitée ; c'est celle dont on fait
habituellement usage (*).

IL DUOMO. La Cathédrale n'est pas un
édifice fort curieux par lui-même (mais la
coupole a été & est encore, malgré son état
de dégradation) l'admiration des connoisseurs : Le Correge, s'y étoit, en quelque
sorte surpassé : Il y avoit représenté l'Assomption de la Vierge. „ Ceux qui ont vu
„ cette coupole dans son brillant (**), n'en
„ parlent qu'avec transport, & la regar-
„ doient comme le chef-d'œuvre de l'art....
„ On n'en découvre plus aujourd'hui, que
„ les tristes restes.... Il n'y a plus une seule
„ figure entière." Néanmoins les amateurs

(*) Les Écuries du Prince, sont comptées
entre les curiosités de Parme ; c'est un corps de
bâtiment très-vaste & d'une bonne composition :
nous ne lui connoissons d'ailleurs que ce mérite.

(**) On n'a jamais dû jouir d'une manière satisfaisante de cette belle & riche composition,
par le trop peu de lumière qui reçoit la coupole :
On n'en peut guères imaginer une plus sombre.

Parme: San Paolo, Annunziata, San Gio Evangelista. continuent d'y venir deviner des beautés que l'on fait y avoir existé autrefois.

On voit du même maître quelques morceaux de Peinture sur les bandeaux de deux des petites coupoles: c'est peu de chose. La plupart des Chapelles sont ornées de bons Tableaux: on en remarque d'*Orazio Samachini*, du *Mazzola*, de *Michel-Ange de Sienne*, & d'autres maîtres estimés (*).

MADONNA

(*) Nous faisons passer (dans la route que nous tenons ici) près de la petite Église de *San Paolo*: Les plus curieux ne manquent point d'y chercher un Tableau d'*Augustin Carrache*, estimé entre les meilleurs de ce maître; il représente la Vierge en colloque avec Ste. Marguérite, St. Jean & St. Nicolas.

Peu loin d'ici, est celle de l'*Annonciade*: le plan en est singulier, mais il n'a que ce seul mérite." On y voit une Annonciation du *Correge*, „ peinte à fresque sur un mur, qui a été scié & „ transporté de l'ancienne Eglise, mais avec peu „ d'adresse.

On voyoit autrefois à *St. Jean l'Evangéliste*, une Coupole peinte par le Correge; elle a été détruite. On y admiroit également deux beaux Tableaux de ce maître; l'un représentant un Portement de Croix, l'autre le Martyre de Ste. Placide: ils n'y sont „ plus: de riches amateurs les ont acquis.

Près du grand Autel est une copie du Tableau de la Nativité du Sauveur, par le Correge (connu sous le nom de la Nuit du Correge), acquise par le Roi de Pologne & maintenant dans la Galerie du Palais à *Dresde*: Cette copie est de *Cézar Aretusi*; elle est intéressante pour ceux qui ne connoissent point l'inappréciable mérite de l'original.

Dans le Réfectoire de cette maison, un mor-
-ceau

MADONNA DELLA STECCATA; très-belle, très-grande Eglise. Les trois Sibylles qui sont au-dessus de l'orgue, & les Figures d'Adam & Eve placées sous l'arcade, sont du *Parmegianino*: c'est peu de chose.

<small>Parme: la Madonna della Steccata, San Sepolcro.</small>

„ Le Couronnement de la Vierge qui est
„ peint à fresque, au-dessus de l'Autel de
„ Notre-Dame, est de *Michel-Ange de Sien-*
„ *ne:* " Ce morceau est d'un bon effet.

„ Le fond du Chœur est décoré d'un
„ grand Tableau du *Procaccini*, représen-
„ tant le Mariage de la Vierge & de St.
„ Joseph; il est beau & vigoureux de couleur.

On engage de voir dans cette Eglise, une Statue en marbre de sainte-Geneviève, par le *Barata;* ce n'est cependant une merveilleuse chose.

SAN SEPOLCRO. On voit dans cette Eglise l'un des plus délicieux Tableaux du Correge, connu sous le nom de la *Madonna della Scodella;* „ parce que la Vierge tient
„ une écuelle à la main : il est placé sur
„ l'Autel de la première Chapelle en entrant
„ à gauche. Le sujet est un instant de repos
„ pendant la Fuite en Egypte... La Vierge
„ est assise sous un palmier, tenant l'Enfant
„ Jesus sur le bras gauche, & une écuelle
„ dans la main droite pour puiser de l'eau
„ dans une fontaine; saint Joseph arrange
„ les branches pour mettre à l'ombre la Mère

---

ceau de perspective exécuté en société par le *Correggio* & le *Parmegianino :* Ce n'est point une composition extraordinaire ni savante, mais elle est d'un excellent effet.

Tome IV. C

<small>Parme : la Madonna della Scala.</small>

„ & l'Enfant, & cueille en même temps des
„ dattes ; au-dessus est un Groupe d'Anges
„ dans une Gloire ; d'où ils paroissent ad-
„ mirer avec respect la Famille Sainte, en-
„ tre St. Joseph & le bord du Tableau, on
„ apperçoit un Ange qui ne dédaigne pas
„ d'avoir soin de l'âne... Ce Tableau est
„ parfaitement à son jour... il est fort beau,
„ quoiqu'inférieur à celui de la Galerie du
„ Palais.... il est harmonieux & a un effet
„ piquant."

Dans la Chapelle opposée à celle-ci, est un très-beau Tableau, attribué au Parmegianino ; on ne s'en rappelle point le sujet; on se souvient seulement, qu'il est d'une très-belle conservation.

LA MADONNA DELLA SCALA; petite Chapelle située près des remparts de la Ville (ainsi nommée, de ce qu'elle est élevée d'une douzaine de marches au-dessus du sol de la rue) on voit sur le maître-Autel, une Vierge peinte à fresque par le *Correge* (*). Le coloris en est entièrement perdu; on la croiroit aujourd'hui peinte au bistre; on n'y retrouve plus que les grâces du dessein de cet admirable maître : pour comble, une main, généreusement barbare, a appliqué sur la tête de la Vierge une Couronne d'ar-

---

(*) On prétend qu'il la peignit originairement sur le mur de la maison d'un de ses amis ; que le peuple eut ensuite une dévotion si fervente envers cette image, que cette Maison fut convertie en une Chapelle, & successivement agrandie & ornée dans l'état où elle est maintenant.

gent en relief: ornement absurde, qui in- Parme: San terrompt l'ensemble de la composition, & Roco. dont l'effet est toujours détestable (*).

On voit dans la Sacristie deux copies (d'assez bonnes mains) de la Madonna della Scodella, & de l'Annonciation; deux bons Tableaux du Correge.

(*) ,, L'usage de couronner les têtes des saints
,, dans les Tableaux a lieu dans plusieurs Villes
,, d'Italie (en Flandre, dans le Brabant, & dans
,, quelques autres pays Catholiques); la supersti-
,, tion du peuple & l'intérêt des Prêtres l'ont in-
,, troduit; cet usage est pernicieux, sur-tout à
,, cause des trous que l'on fait aux Tableaux pour
,, attacher les couronnes, & tend quelquefois à
,, la destruction des plus beaux morceaux de l'art."

On engage communément les étrangers à voir l'Église de *San Roco*, dont les ci-devant Jésuites étoient en possession: il s'en faut cependant bien que ce soit une belle Église. La décoration intérieure nous a paru d'un genre plus singulier, qu'estimable, & totalement dépourvue de noblesse & de dignité. On attribue le Tableau du maître-Autel à *Paul Veronese*; il représente St. Roch & St. Sébastien; s'il est véritablement de ce maître, ce n'est certainement pas un de ses plus beaux.

,, Dans une Chapelle à droite du maître-Autel,
,, une Sainte Famille par le *Spada*. Ce Tableau
,, est fort beau, il est gâté par des Couronnes
,, d'argent massif, que des dévots ont attachées sur
,, les têtes des figures.

L'Observatoire de cette maison, est une des curiosités de Parme. Les Palais, Hôtels & Bâtimens les plus remarquables à Parme, sont ceux de *San Vitale*, de *Rangioni*, & de *Gian de Maria*.

,, *La Pilotta*, est un ancien bâtiment commencé
,, par les Farnese, derrière le Château.

C ij

<small>Parme : Promenades publiques.</small>

PROMENADES PUBLIQUES. Celle que l'on vient de former fur l'efplanade qui fépare la Ville de la Citadelle, eft, on ne peut pas plus agréable. La nobleffe a pris l'ufage de s'y promener en équipage dans une très-large allée d'arbres : des contre-allées fervent pour les perfonnes à pieds, & l'on y a placé à leur ufage des bancs de pierre, qui n'y font point épargnés. Cette efplanade, domine quelques beaux Jardins & Potagers, qui produifent des points de vue très-agréables.

Le *Jardin du Château-Neuf*, appelé le *Jardin de l'Orangerie*, eft très-beau, très-vafte, fort orné & bien entretenu : Le Prince en permet l'entrée au public ; mais peu d'habitans en profitent : L'Orangerie eft belle, & bien foignée.

PALAZZO *Giardino* : Maifon de plaifance appartenante au prince, dont les Jardins fe terminent près des Glacis de la Ville. Le bâtiment eft affez peu de chofe ; on y fait remarquer plufieurs pièces peintes à frefque par *Louis Carrache*, & d'autres par le *Cignani* : Ce ne font pas des morceaux d'un rare mérite, mais ils coûtent peu de temps, peu de peines, & fe voyent avec plaifir. Les Jardins (*) font vaftes, beaux, & bien entretenus.

(*) ,, C'eft en partie fous les murs de ce Jar-
,, din, que les François joints au Roi de Sar-
,, daigne, gagnèrent la *Bataille de Parme* le 29
,, Juin 1734, fur les Impériaux commandés par le
,, Général Comte de *Merci*, qui y fut tué : cette

COLORNO ; belle maifon de plaifance, appartenante au Prince, fituée fur la Parma à près de douze milles au-deffous de la Ville. Les bâtimens n'ont point une décoration fort recherchée ; mais ils font bien difpofés, bien diftribués, & les appartemens du Prince meublés noblement & avec goût. Les Jardins font très-vaftes, mais d'une diftribution qui tient tout de l'art & rien de la nature. On y voit quelques Antiques, mais de peu de mérite ; les principaux morceaux ont été apportés de Rome & découverts dans les Jardins *Farnefe*, établis fur les ruines du Palais des Cézars : On remarque entr'autres les Figures coloffales de Bacchus & d'Hercule, &c. Elles ont extrêmement fouffert.

Parme: Colorno.

Nous allons joindre ici par forme de mémoire, une notice de la route de Parme (*) à Bologne, par Modène : Nous devons ce fupplément, pour compléter notre itinéraire, pour cette partie de cette belle route, qui mérite d'être connue.

Le chemin de Parme à Modène & Bologne, eft en partie pratiqué fur la voie Emilienne ; cette route n'eft pas fort douce pour les voitures ; elle traverfe d'ailleurs de très-belles, & de très-riches campagnes.

„ bataille auffi bien que celle de *Guaftella*, gagnée
„ le 19 Septembre fuivant, produifirent le traité
„ de Vienne, par lequel la France acquit la Lor-
„ raine l'année fuivante."

(*) Voyez ci-après pour la continuation de la route de Parme à Milan.

Excursion de Parme à Bologne, par Modène, Reggio, Modena.

*** De *Parme* à REGGIO, *on compte deux postes*. Cette Ville est d'une médiocre étendue ; elle est entourée de fortifications régulières ; on la dit peuplée de dix-huit à vingt mille ames : la grande rue, que la route de poste traverse est large & bordée de portiques ouverts & régulièrement construits, sous lesquels sont des boutiques : cette partie de la ville, est très-vivante ; l'œil s'y repose avec plaisir. Le temps de relayer suffit, pour voir le seul morceau intéressant (connu & public) que *Reggio* présente aux amateurs. C'est un bon Tableau du *Guerchin*, placé dans une des Chapelles à gauche de l'Eglise appelée *la Madonna della Giarra :* ,, On y voit le Christ attaché sur la ,, Croix, ayant à ses pieds la Vierge, ac- ,, cablée de douleur, soutenue par deux ,, Femmes. Il y a dans ce Tableau beau- ,, coup d'expression, une grande fermeté ,, de pinceau, un bon caractère de des- ,, sein : Le Christ particulièrement est bien ,, dessiné. ''

*** De *Reggio à Modène, deux postes;* on relaye à *Rubiera*, petite Ville peu intéressante : entre Rubiera & Modène, *on passe la Secchia en bateau;* ce passage est peu de chose, quand cette rivière est dans son bassin ordinaire.

MODÈNE (*); Ville capitale du Duché

(*) A *l'Auberge Ducale :* C'est la plus magnifique Auberge de toute cette route, & même de l'Italie.

de ce nom ; elle eſt joliment bâtie : on y voit *Modena :*
de longues & larges rues ornées de Portiques *Palais Du-*
ouverts, & la plupart aſſez réguliers entr'eux. *cal.*
La Strada Maeſtra, eſt d'une grande beauté ;
elle eſt ornée de magnifiques bâtimens publics & particuliers : Tels que le *Palais
de la Ville*, la *Douane*, & deux grands Hôpitaux, &c.

Les *Fortifications* qui entourent la Ville,
font d'une défenſe médiocre, mais bien entretenues ; celles de la *Citadelle*, font mieux
traitées ; elles font plus reſpectables. On
porte la population de Modéne à vingt-cinq
à trente mille ames.

LE PALAIS DUCAL eſt fort vaſte & d'un
genre très-noble ; nous en avons peu vu
en Italie qui lui ſoit ſupérieur. Il eſt meublé
avec autant de goût que de richeſſe. On y
voit quelques beaux Plafonds : Celui du
grand Salon eſt peint par Marc-Antoine
Franceſchini ; il y a de bonnes choſes. Celui
de la Chambre du Dais, eſt du *Tintoretto*.
On remarque dans cette pièce pluſieurs Tableaux de mérite ; les plus diſtingués, ſont :
une Judith, par le *Guerchin*.

Une Adoration des Bergers, attribuée au
Correge : des connoiſſeurs doutent qu'elle
ſoit de ce maître.

Dans la *Salle du Lit*, & les pièces qui ſui-
vent ; le Mariage de Ste. Cathérine, par
le *Guerchin* ; peint dans ſa troiſième manière, qui n'eſt point la plus agréable.

Du *Guide* : la Vierge pénétrée de douleur
à la vue de Jeſus Ch. mort.

D'*Andrea del Sacchi* ; une Charité Ro-

Modena : Palais Ducal.

maine: c'eſt un des beaux morceaux de ce maître.

Pluſieurs beaux *Baſſan :* nommément, N. S. au Jardin des Olives; le Samaritain, &c.

De *Lionello Spada ;* l'Enfant Prodigue : ,, *Tableau capital.* Le caractère du deſſein eſt ,, plein d'ame; la touche en eſt fière & ſpi- ,, rituelle; on lit ſur la phyſionomie du prin- ,, cipal perſonnage, le repentir de ſes éga- ,, remens.

De *Jules-Romain ;* ,, le Paſſage d'un Pont; ,, une Bataille; & un Triomphe.

Du *Tiarini ;* la Femme de Putiphar ,, qui retient Joſeph par ſon manteau : '' L'un des bons Tableaux de ce maître.

Du Titien ; *un Tableau capital.* La Femme adultère : ,, Elle eſt peinte à demi nue ; ,, l'expreſſion eſt naïve, elle eſt de toute ,, beauté : ce ſujet eſt compoſé de vingt- ,, deux figures à mi-corps ... la plupart di- ,, gnes d'admiration, pour la beauté du ca- ,, ractère, l'expreſſion & la couleur.''

Du *même ;* une Ste. Famille avec l'Enfant Jeſus, & ſaint Paul.

Du *Guide ;* St. Roch en priſon qu'un Ange vient conſoler.

Du *Guerchin ;* le Martyre de ſaint Pierre : ,, d'une couleur vigoureuſe, peint large- ,, ment, & où l'on voit une belle touche.

De *Michel-Ange de Carravaggio ;* un St. Sébaſtien ; *Tableau ſupérieur*, &c.

A la ſuite de cette belle collection de Tableaux (*), en eſt une autre, très-con-

―――――――――――――――――――
(*) La célèbre Nuit du Correge, tenoit le

sidérable, de *Desseins originaux* des plus grands maîtres (*); une autre encore d'Estampes, très-nombreuse, & du plus beau choix.

Modena: Bibliothèque, il Duomo, la Secchia Rapita

Quelques beaux Antiques de moyens Modèles, en marbre, en bronze, &c. Dans les premiers ; Andromède attachée à un rocher : Hercule tirant Cacus de sa caverne par un pied : Le buste du Duc *François I*er. en marbre blanc, par le Cavalier *Bernin* ; morceau supérieur, &c.

En bronze ; plusieurs très-beaux Bustes ; diverses Divinités Egyptiennes, &c.

La *Collection des Médailles*, est considérable & fort estimée : Celle des *Pierres gravées* & des Camées, n'est ni moins curieuse, ni moins riche : On y voit des pierres d'une rareté & d'une beauté uniques.

La *Bibliothèque* est composée, dit-on, de près de quarante mille Volumes, y compris les Manuscrits.

LA CATHÉDRALE n'a rien qui attire fortement les curieux : Le Tableau attribué au Guide, & que l'on vante beaucoup ici, est la seule chose qui mérite d'être vue ; le sujet est le *Nunc dimittis* : La Vierge est à genoux devant l'Enfant Jesus, que *Siméon* tient entre ses bras.

---

premier rang dans cette collection : Ce Tableau unique, décore (ainsi que nous l'avons dit ci-devant) le Palais Électoral à Dresde.

(*) On porte à six mille le nombre de ces Desseins ; & à plus de quinze mille celui des Estampes.

C v

Modena :
Palais Public, Arsenal, Castel.

On montre ,,, dans un Souterrain de la ,, haute Tour, ou Clocher, un vieux Seau ,, de bois, de grandeur ordinaire, garni de ,, quelques cercles de fer; il y est suspendu ,, avec une chaîne & gardé avec le plus ,, grand soin." Les Ecclésiastiques qui sont en possession de montrer (*pour de l'argent*) cette célèbre rareté, paroissent en faire au moins autant de cas que de leurs plus belles reliques, qui, cependant leur rapportent infiniment plus. L'Histoire de ce Seau, est immortalisée par le Poëme héroï-comique du *Tassoni*; intitulé, *la Secchia Rapita* (*).

On va voir, lorsqu'on a du temps de trop; l'Eglise de *San Bartholomeo*, dépendante de la maison des ci-devant Jésuites; celle de *San Giorgio*; celle appelée *il Voto*; la *Chiesa nuova*, &c.

On voit quelques Tableaux dans les Salles du PALAIS PUBLIC, ainsi que dans plusieurs autres Palais de particuliers : On sait sur les lieux quels sont les Cabinets les plus accessibles & les plus estimés.

L'ARSENAL & ses dépendances, est encore un des objets de curiosité de Modène.

―――――――――――――――

(*) Dans une guerre que les Modénois eurent avec les Bolonois, les premiers les vainquirent & les poursuivirent jusques dans le centre de leur Ville; mais ne pouvant s'y soutenir, ils s'emparèrent de ce plaisant trophée, ainsi que la Chaîne de la Porte de la Ville, pour gage éternel de leur victoire : Cet évènement arriva vers l'an 1325.

Le Port ou la tête du canal qui établit Sassuolo. une communication d'ici à Venise, mérite d'être vu de préférence.

SASSUOLO, petite Ville située sur la *Secchia*, à neuf à dix milles de Modène ; près de laquelle est une *Maison de plaisance du Duc :* Les bâtimens & les Jardins, n'offrent rien de bien remarquable ; rien du moins qui invite à se détourner expressément de sa route.

⁎⁎ De *Modène à Bologne*, on compte *trois postes* ; on relaye à *Samoggia :* Avant que d'y arriver, *on traverse le Panaro dans une barque*. Le chemin devient dèslors très-beau, très-agréable. On laisse sur la gauche & à peu de distance de la grande route, le *fort* URBAIN, l'une des meilleures places (assure-t-on) de l'état Ecclésiastique.

Un peu avant d'arriver à Bologne, on *passe le Rhéno*, sur un très-long pont de pierre, à la tête duquel est une barrière (⁎)

―――――――――――――――――――

(⁎) *Il est bon d'être averti qu'elle se ferme d'as-* Avis utile *sez bonne heure & que les clefs se portent chez le Légat, ou Vice-Légat. où il faut les aller prendre : Il est vrai qu'il accorde facilement la permission d'ouvrir ; mais cette course est fort longue & demande un temps considérable ; joignez à cela que l'on est tenu alors de récompenser la garde qui fait cette corvée, &c. Il est donc prudent (si l'on prévoit ne pas arriver à temps) d'envoyer en avant pour faire retenir les clefs au corps de garde, afin de s'éviter le désagrément d'attendre. & le meilleur seroit de s'arranger de manière à y arriver de*

C vj

<small>Piacenza: Duomo.</small> il pour la perception des droits de Douane.

Reprenons la route de Parme à Plaisance, que nous avons quittée, ci-devant page 54.

⁂ Le chemin de *Parme* à *Plaisance* est très-plat & passablement bien entretenu : Ces deux Villes sont distantes l'une de l'autre, de cinq postes.

Entre Parme, & *Castel Guetto*, on passe à gué, *la rivière du Taro*. Entre le Bourg *San Donnino*, & *Fiorenzola*, on passe à gué la *Stirone* : les trois ou quatre autres torrens que l'on traverse ensuite de Fiorenzola, jusqu'à Plaisance, sont souvent à sec, lorsqu'il y a long-temps qu'il n'a plu.

PLAISANCE (*): cette Ville est le plus agréablement située, entre le *Pô* & la *Trebia* : le premier passe à un demi-mille environ de ses murs; la Trebia coule à un peu plus de distance. L'enceinte de cette ville est d'une étendue considérable; sa population n'excède cependant point douze à quinze mille ames: elle est assez régulièrement bâtie ; on y remarque de très-longues & larges rues, parfaitement alignées, & quelques places bien percées; mais un silence, une inactivité qui afflige. Elle est entourée de quelques fortifications, soutenues par une Citadelle : Sa position est telle, qu'elle

---

Jour : *La plus absurde méthode est assurément celle de voyager de nuit.*

(*) A *San Marco*, bonne Auberge.

se trouve également éloignée de Parme & de Milan.

Placenza: Statues équestres.

LA CATHÉDRALE. Cet édifice mérite peu par lui-même d'être cherché des curieux, mais il renferme quelques morceaux très-estimables. La *Coupole* est peinte à fresque par le *Guerchin:* c'est une des belles productions de ce maître, & celle qui lui a réuni un plus grand nombre d'admirateurs.

Les trois principaux Tableaux qui décorent le fond du chœur, ont beaucoup de mérite; celui du milieu est de *Camille Procaccini:* ceux de droite & de gauche, sont de *Louis Carrache*, & quelques autres encore moins considérables.

Deux STATUES ÉQUESTRES EN BRONZE, décorent la *petite Place* qui précède cette Église: Elles sont assez généralement attribuées à *Jean de Bologne* (des connoisseurs les croyent cependant de *Moca*, son élève); elles représentent, ALEXANDRE FARNESE & RANUCE, son fils: ,, tous deux sont vêtus ,, à la grecque d'une manière noble & gra-,, cieuse, avec le manteau flottant sur les ,, épaules. Celle de Ranuce est la plus belle ,, & la mieux finie; celle d'Alexandre (*) ,, est la plus fière, le Cheval sur-tout est ,, magnifique.... Les piédestaux qui sup-,, portent ces Statues, sont absolument trop ,, petits & trop bas.... Ils sont décorés de

---

(*) ,, Alexandre Farnese, Duc de Plaisance & ,, de Parme, qui servit en France pour la *Ligue* ,, avec distinction, &c.

Piacenza: diverses Eglises, San Agostino, Palais Ducal.

„ Génies bien modelés, & de Bas-reliefs qui
„ ont pour sujet quelques traits remarquables
„ de la vie de ces deux Princes, &c.

Après la *Cathédrale*, les EGLISES *les plus remarquables* sont celles de *San Giovani*; de *San Agostino*; de la *Madonna di Campagna*; de *San Sixto*, &c. On ne voit pas avec indifférence dans la première, le Mausolée de *Lucretia Alziati*: entr'autres ornemens, on remarque deux Génies en marbre, qui pleurent; traités dans la manière du *Fiammingo*.

SAN AGOSTINO, est construite sur les desseins de *Vignole*; les détails y valent mieux que les masses.

Quelques Tableaux à fresque, font rechercher *la* MADONNA DI CAMPAGNA; on en attribue plusieurs (*) au *Parmegianino*; à *Paul Veronese* (**); au *Pordenone*, &c.

LE PALAIS DUCAL, a été élevé sur les desseins de *Vignoles*; le plan n'est qu'en partie exécuté, il est construit en briques. Les masses sont très-belles, & en général, cette composition a beaucoup de mérite. Ce Palais semble être aujourd'hui abandonné: Toutes les raretés qui l'embellissoient, ont passé à Naples, & il ne paroît pas qu'on

___

(*) Dans une petite Chapelle en entrant... un Saint qui a les mains sur les livres de l'ancien & du nouveau Testament.

(**) Les Fresques attribuées à ce maître, sont celles qui se voyent dans diverses parties de la nef: Tous ces morceaux ne valent certainement point la peine d'une course exprès pour les voir.

ait songé depuis à l'habiter. Les curieux y vont voir de jolis groupes d'Enfans traités en stuc & modelés par l'*Algardi*, qui décorent la Chambre du Lit : Ils ont un caractère de vérité singulier & sont exécutés dans le goût le plus gracieux, & le plus séduisant. Le *Théâtre* n'offre rien de remarquable ; la Salle communique avec le Palais : elle est agréablement décorée & d'une grandeur convenable au nombre de spectateurs que la ville peut donner.

Plaisance: Lodi.

⁂ Le *chemin de Plaisance à Lodi*, & *de Lodi à Milan*, n'est pas moins agréable que le précédent ; il traverse de même une plaine très-fertile & qui devroit être plus peuplée : les établissemens y sont d'un rare qui afflige. *On passe le Pô*, immédiatement au sortir de Plaisance, *sur un Pont volant*; ce fleuve est ici d'un volume des plus respectable. De Plaisance à Lodi, on compte trois Postes.

LODI, petite Ville que l'on croit peuplée de huit à dix mille ames ; elle est assez bien bâtie ; la rue qui la traverse dans toute sa longueur, est ornée de plusieurs beaux Bâtimens.

Entre *Marignano* (*), & *Milan*, on passe à gué le Lambro: le chemin est dès-lors bordé d'une double allée d'arbres jusques aux portes de Milan : Des maisons de campagne,

---

(*) ,, Village connu par la victoire que FRAN-
,, ÇOIS Ier y remporta sur les Suisses, en 1515.

Milano: Ci-tadelle. des jardins ornés, s'élèvent de toutes parts: il eſt difficile de voir une plus riche & une plus agréable campagne.

MILAN (*). Cette Ville par ſon étendue, eſt regardée comme la ſeconde de l'Italie (on croit qu'elle n'a pas moins de dix milles de circuit); & à cet égard, elle marche immédiatement après Rome : Sa population que l'on eſtime ne pas aller au delà de cent vingt, à cent trente mille ames, ne lui donne rang qu'après Naples, Rome & Veniſe. Elle eſt ſituée à la tête du triangle que décrit à peu près la vaſte plaine de Lombardie : Deux beaux canaux, lui ouvrent une riche communication avec l'*Adda* & le *Teſſin* : Un troiſième avoit été commencé pour faciliter ſon commerce avec Pavie. On y remarque une première & ſeconde enceinte (**) : cette dernière eſt formée de quelques mauvais baſtions terraſſés, liés au corps de la place, au-devant deſquels règne un foſſé d'eau courante.

La *Citadelle*, ſituée au nord de la Ville, eſt un exagone régulier, appuyé de quelques ouvrages détachés, & dans lequel on a circonſcrit l'ancienne fortereſſe : l'un & l'autre réunis, commandent aſſez impérieuſement la ville.

(*) Aux *trois Rois*, bonne Auberge, bien ſituée.
Aux *deux Tours*, bonne Auberge.

(**) Elle a été conſtruite ſous le règne de l'Empereur CHARLES V, par le Gouverneur *Ferdinand de Gonzague*.

Milan offre plusieurs quartiers très-bien bâtis ; coupés par de belles & larges rues : On y voit peu de places publiques, peu de monumens curieux (*) ; mais il y règne généralement un air d'aisance qui satisfait. On y compte soixante-une Paroisses ; quarante-trois Couvens d'hommes ; cinquante-un de Femmes ; & cent cinq tant Oratoires de Confréries, que Chapelles, &c.. nombre prodigieux, & trop disproportionné sans doute à la population actuelle de cette ville.

<small>Milano : il Duomo.</small>

La Cathédrale, est à peu près placée au centre ; ,, c'est le bâtiment le plus consi-
,, dérable de Milan, & même après St. Pierre
,, de Rome, la première Eglise d'Italie. Le
,, vaisseau a quatre cents quarante-neuf pieds
,, de longueur, cent quatre-vingt de largeur
,, dans la nef, & deux cents soixante-quinze
,, dans la croisée : Il a soixante-treize pieds
,, de hauteur dans les chapelles ; cent dix
,, dans les doubles nefs des bas-côtés ; cent
,, quarante-sept dans la nef ; & deux cents
,, trente-huit sous la coupole. La hauteur
,, extérieure de la coupole, y compris le

(*) Nous ne plaçons point dans cette classe, un nombre considérable de Statues de Saints & Saintes, en marbre, en bronze, en pierre, en stuc, &c. que l'on rencontre dans une infinité de carrefours & de larges rues : parce que la plupart de ces objets, dignes (nous voulons le croire) de la vénération des fidelles, ont, du côté de l'art, trop peu de mérite pour être indiqués ici, à titre de curiosités.

Milano: il Duomo.

„ couronnement, eſt de trois cents ſoixan-
„ te-dix pieds."

Le plan diſtribue une grande & quatre petites nefs. Cette Egliſe a été commencée par *Jean Galeas Viſconti*, en 1386, elle eſt toute de marbre: on n'a point ceſſé d'y travailler depuis, mais avec ſi peu de vigueur, que non ſeulement le Portail, mais une infinité de choſes dans l'intérieur, reſtent encore à faire; & il eſt probable qu'une partie de cet édifice écroulera de vétuſté, avant qu'il ſoit entièrement fini.

Permis à MM. de Milan de le regarder comme une huitième merveille; l'homme de goût, en appréciant mieux ſon mérite, ne le claſſera jamais qu'entre ceux des monumens gothiques dont la conſtruction porte avec elle un caractère de hardieſſe, qui prévient au premier coup d'œil: Tels ſont les Cathédrales de *Vienne*, de *Londres*, d'*Yorck*, de *Strasbourg*, d'*Anvers*, de *Rheims*, de *Paris*, &c... Encore, les édifices que nous indiquons, ont-ils ſur celui-ci, l'avantage d'être infiniment mieux éclairés: défaut, qui frappe ici, dès les premiers pas que l'on fait dans la nef: On ne peut guères rien imaginer de plus ſombre. Le grand vaſte de l'Égliſe de Milan, fait donc ſon ſeul mérite, & ſi l'on veut, nous ajouterons, que beaucoup de parties de détail, y ſont véritablement mieux traitées que dans les exemples que nous venons de placer en parallèle: En général, tous les morceaux de ſculpture ſont ici plus ſoignés: On compte (aſſure-t'on) près de quatre mille Figures en marbre tant

grandes que petites déjà placées (*) dans les Milano: Il
parties terminées ; il est vrai de dire, que Duomo.
dans ce grand nombre, on en remarque de
très-bonnes, & que, presque toutes sont de
la meilleure intention: mais cette étonnante
profusion, leur est respectivement désavan-
tageuse ; il est ridicule que l'on se soit obstiné
à suivre strictement les premiers desseins ;
moins l'ouvrage du vrai génie, que la pro-
duction d'un délire ridiculement riche.

Ce qui est déjà élevé du portail, annonce
une composition mieux digérée, moins tourmentée que les précédentes : deux vastes
tours carrées soutiennent les angles. Quatre
moyennes Portes d'un assez beau profil, accompagnent celle du milieu ; au-dessus de
ces quatre portes, sont placés quatre *beaux
Bas-reliefs*, qui ont pour sujets ; Judith
tenant la tête d'Holopherne ; David celle
de Goliath ; Samson qui tue les Philistins;
& Jaël qui tue Sisara (**) : l'exécution en

(*) On en peut compter plus de *cinq cents*,
absolument hors de la vue des spectateurs ; non-
seulement par l'excessive hauteur où elles sont ju-
chées & nichées, mais encore parce qu'elles se
trouvent placées dans des endroits qui ne peuvent
être apperçus qu'en se portant auprès, ou sur les
lieux même : telles sont les Statues qui ornent
la base de la flèche ou aiguille qui s'élève du faîte
de la coupole, &c. Ce genre de magnificence,
coûte beaucoup & fait très-peu d'effet.

(**) Quels sujets dégoûtans l'artiste a-t'il été
choisir !.. que n'en offroit-il (il en est tant), de
douceur & de bienfaisance !.. La demeure d'un

Milano : Fonts Baptifmaux.

est bonne & tient beaucoup de l'antique.

Le Portail intérieur est formé de deux colonnes antiques de granit, d'une belle proportion ; elles font ici très-bien.

Le Baptistère, que l'on voit en entrant à gauche, est formé par une belle Cuve de porphyre : elle mériteroit des ornemens d'un meilleur genre que ceux dont elle est entourée. Les Chapelles distribuées de droite & de gauche, n'offrent rien qui mérite d'être cité. Le Chœur (*) & la croisée, sont les seules parties actuellement pavées ; le reste n'est que préparé : ce qui est fait, est parfaitement beau.

Entre beaucoup de *Statues* qui ornent cette Église, on regarde comme la plus méritante, celle représentant *St. Barthélemi*, qui porte sa peau sur ses épaules, semblable aux écorchés de nos anatomistes, très-estimée par la grande vérité de

---

Dieu de clémence & de paix, doit-elle donc avoir pour enseigne le Meurtre & l'Assassinat ?..

Nous avons remarqué combien les Chevaux antiques de bronze, juchés au-dessus du Portail de l'Eglise St. Marc, nous paroissoient déplacés... Nous ajoutons que l'on voyoit à Paris, il y a peu d'années, deux Bœufs en reliefs de grandeur & de couleur naturelle placés aux deux côtés du Portail d'une petite Eglise qui continue de porter le nom de *St. Pierre-aux-Bœufs*... Que conclure de cela ? Que par-tout les hommes sont quelquefois sages, mais plus souvent inconséquens.

(*) On fait beaucoup de cas de la boiserie du chœur : On y remarque des morceaux de sculpture d'un très-grand mérite.

„ fa miologie, &c. " Elle est attribuée à Christophe Cibo, & placée près de la porte de la Sacristie à droite.

Le *Mausolée* du Marquis *Marignano*, est enrichi de beaucoup de sculpture : on dit sur les lieux, que les Statues de bronze ont été exécutées sur les desseins de *Michel-Ange*; elles sont véritablement belles.

La *Chaire à prêcher*, mérite quelques minutes d'examen; non quant à la pensée (*); mais pour l'exécution de ces bronzes, qui ont un excellent caractère de dessein.

„ Au-dessus du maître-Autel est le *Sacro*
„ *Chiodo* (*Clou de la Passion*)... qui fut
„ donné à l'Eglise de Milan, par l'Empe-
„ reur *Théodose*. On assure que c'est un de
„ ceux dont on fit un frein au Cheval de
„ *Constantin;* cette relique est portée pro-
„ cessionnellement le 3 Mai. Cette proces-
„ sion vaut bien celles de Venise, d'Aix
„ en Provence, de Cologne, de Bruxel-
„ les, &c. ...

La *Chapelle souterraine* (**), dans laquelle

Milano : Statues, Mausolées, Chaire à prêcher, Sacro Chiodo, Chapelle souterraine.

(*) Les quatre Docteurs de l'Église, transformés en cariatides, n'offrent pas certainement une idée bien merveilleuse...

(**) Cette Chapelle souterraine, est, de toutes celles de ce genre que nous connoissons, la plus mal éclairée. Un nombre considérable de lampes brûlent extérieurement, & quatre ou cinq seulement sont placées sur les montées & corridors : Elles aident au plus à discerner les plus gros objets, mais pas assez pour s'empêcher de se heurter & de s'entre-choquer réciproquement : La Chapelle particulière du Saint, n'en seroit

Milano: Chapelle souterraine.

reposent les dépouilles terrestres de Saint Charles Borromée, Cardinal & Archevêque de Milan, est extrêmement ornée ; il en est peu de plus riche : „ La sculpture, la ci-„ selure, l'orphévrerie, y ont épuisé leurs „ ornemens, pour exprimer les vertus de „ ce Saint, & embellir l'Autel sur lequel „ sa Châsse est posée. " Les cariatides, ainsi que les Bas-reliefs traités en argent, sont peu merveilleusement composés, & d'une exécution assez médiocre ; on les parcourt néanmoins avec plaisir.

La Châsse du Saint est formée de panneaux de cristal de roche, joints ensemble par des bordures d'argent doré.... Son corps y est placé dans sa longueur & revêtu de ses habits Pontificaux, qui sont très-riches : Il tient sa crosse (*) entre ses bras, & ses mains sont jointes. La seule partie découverte de son corps, est le visage, qui (on doit s'y attendre) n'offre pas un coup d'œil agréable : „ Il est noir & desséché, le nez „ est rongé... l'œil gauche a également dis-

---

pas moins lumineuse, quand elle auroit une douzaine de lampes (allumées) de moins ; & ce nombre répandu dans les issues qui y conduisent, les rendroient plus accessibles & plus décentes.

(*) La partie haute de la crosse est enrichie de diamans, ainsi que la couronne suspendue au-dessus de sa tête.

On doit voir un Portrait du Saint, brodé par la célèbre *Peregrina* ; on dit qu'il a eu le mérite de la ressemblance : Il est placé vers le corridor qui mène à la Sacristie de cette Chapelle.

„ paru ; " ce n'eſt pas même une belle momie.

Milano: Tréſor.

Le *Tréſor* (*) de *l'Egliſe de Milan*, eſt après celui de Notre-Dame de Lorette, le plus riche d'Italie, & peut-être, de toute l'Europe Catholique : on y remarque même des piéces qui réuniſſent au prix très-grand de la matière, le mérite d'un travail ſupérieur.

On y voit les Statues en argent (de proportion plus haute que nature), de St. Ambroiſe & de St. Charles : Cette dernière eſt couverte de pierreries : toutes deux, du côté de l'art, ont peu de mérite.

Plus de vingt Buſtes coloſſaux auſſi d'argent, de divers ſaints & ſaintes.

Nombre de Calices, Patènes, Encenſoirs & Lampes ſimplement d'or ; d'autres du même métal damaſquinés, émaillés & enrichis de diamans.

Un grand Ciboire de criſtal de roche, orné de moulures & ornemens d'or, émaillés & enrichis de diamans.

Pluſieurs Oſtenſoirs ſingulièrement riches & d'un beau travail.

Une grande Croix de cérémonie, également ornée de pierres précieuſes.

(*) Celui de *Lorette* ſe montre *gratis* : On rançonne le plus que l'on peut les curieux pour celui-ci ; la vue de la châſſe du Saint ſe paye ſéparément : Ce ſont deux différens Eccléſiaſtiques qui montrent l'un & l'autre : tous deux priſent le plus qu'ils peuvent leurs marchandiſes & les peines qu'ils ſe donnent pour les montrer.

Milano:
Flèche, ou
Aiguille.

Une multitude de Reliquaires richement enchaſſés : dans cette dernière claſſe, on en remarque pluſieurs dans leſquels la beauté du travail marche de pair avec la ſomptuoſité & la rareté des matières qui y ſont employées ; nommément un petit Coffret d'or ciſelé & émaillé avec un goût & une perfection étonnante.

L'Argenterie d'Égliſe, eſt ici dans une profuſion, dans une quantité qui étonne.

Les Ornemens y ſont également dans un nombre prodigieux, & beaucoup d'une richeſſe inconcevable.... On en diſtingue pluſieurs travaillés à l'aiguille par la *Peregrina*, dont l'exécution & l'effet méritent beaucoup d'éloges.

La *Flèche*, ou Aiguille qui s'élève du faîte de la coupole, eſt d'un travail ſingulièrement ſoigné : Le deſſein en eſt léger, agréable & pyramide bien. Cette Flèche, a, dit-on, cent dix-ſept pieds de hauteur ; elle eſt terminée par une Statue de la Vierge en bronze doré. On monte juſqu'aux pieds de cette Statue par un eſcalier (*) pratiqué dans les ornemens qui lient cette pyramide avec huit autres moins grandes qui l'accompagnent & lui ſervent en même temps

---

(*) Cet eſcalier n'eſt ni rude, ni difficile ; il s'agit ſeulement de ne point manquer de tête, & de ſe bien convaincre de ſa vraie ſolidité, quoiqu'il ſoit travaillé comme un deſſein de dentelle. Il eſt ſuperflu de dire que toute cette flèche eſt en marbre.

temps d'arcs-boutans, ou de contre-forts. Milano:
On ne peut se faire une idée de la belle Piazza Maggiore, Piazza de' Mercanti.
& riche vue, dont on jouit lorsqu'on est
arrivé sur cette dernière balustrade... L'œil
embrasse une étendue immense : c'est, sans
contredit, un des plus beaux spectacles du
monde.

LA PLACE qui précède la Cathédrale est
d'une forme ridicule : l'inspection des lieux,
indique combien il seroit facile de lui donner
la noblesse dont elle est susceptible : il ne
faudroit que sacrifier une petite isle composée d'assez laides maisons & ouvrir davantage l'issue qui communique à la Piazza
de' Mercanti.

Piazza de' Mercanti. (*). Cette place,
n'est certainement place que de nom : Le
centre qui devroit être vide, est occupé par
un vaste bâtiment (**) d'une ordonnance
fort simple, soutenu en arcades & par de
forts piliers qui laissent entièrement libre

(*) Nous suivrons ici, pour parcourir méthodiquement cette ville, la division adoptée par M.
de la Lande : il a tiré une Méridienne par la Cathédrale, & une perpendiculaire sur cette Méridienne : Cette opération idéale, lui donne quatre carrés, dont l'examen successif demande assez
peu de temps. —— On trouve chez les frères
Reycent, Libraires, un Plan portatif de Milan,
ainsi que celui de la Cathédrale ; les Vues des
Isles Borromées, &c. &c.

(**) Le Tribunal du Préteur est établi dans
l'étage supérieur de ce bâtiment, dans lequel sont
également pratiquées les Prisons de cette Magistrature.

Tome IV.   D

Milano: Bourſe, Palais de Juſtice, Tour de l'Horloge, Bibliothèque Ambroiſienne.

toute la partie de plain-pied au ſol de la place : c'eſt proprement la *Bourſe*, où ſe raſſemblent journellement les Négocians & Marchands pour leurs affaires de commerce.

LE PALAIS où ſiègent les Officiers municipaux (appelé *Palazzo dell' excellentiſſima Citta*), décore un des côtés de cette place : Celui où s'aſſemblent les Docteurs du Collége (*Palazzo de' Dottori di Collegio*), occupe le côté oppoſé. Le premier de ces deux bâtimens, n'a rien de fort remarquable : le dernier s'annonce avec plus de prétention ; il a pour lui le premier coup d'œil : La *Tour de l'Horloge* s'élève au centre, elle donne un avant-corps dans lequel on a pratiqué une niche ornée d'une Statue pédeſtre d'une exécution ſupportable : en général ce bâtiment offre une aſſez belle maſſe.

BIBLIOTHÈQUE *Ambroiſienne.* Il eſt peu d'établiſſemens publics auſſi utiles, auſſi magnifiques que celui-ci ; nous ne connoiſſons en Italie que le ſeul Inſtitut de Bologne qui lui ſoit ſupérieur : Son illuſtre Fondateur (*) a réuni à une très-riche Bibliothèque (**), une belle collection de Tableaux ; une autre très-eſtimable de ſculpture ; quelques anti-

---

(*) ,, Le Cardinal *Frédéric Borromée*, Archevêque de Milan, & neveu de St. Charles, dont
,, il ſuivit les exemples.

(**) On croit qu'elle ne renferme pas moins de quarante mille volumes imprimés, & près de vingt mille Manuſcrits : on en a publié le Catalogue ; il eſt très-curieux.

ques; une très-riche suite de Médailles; un volumineux recueil de Machines; un cabinet d'histoire naturelle; un Jardin botanique, &c.

Milano: Cabinets de Peinture, & Sculpture.

Le bâtiment dans lequel la Bibliothèque, & les salles de peinture, de sculpture, &c. se développent, est peu vaste & de la plus simple apparence : il est situé sur une petite place irrégulière : la principale entrée ne manque cependant point de noblesse.

Un Vestibule, d'une assez bonne idée, précède la Bibliothèque; il l'annonce bien: cette seconde Pièce est très-belle. La collection des Manuscrits, occupe une Salle particulière.

Une petite Cour (*) décorée en portiques ouverts, sépare la Bibliothèque du corps de bâtiment où sont disposées les SALLES *de Peinture, de Sculpture*, &c. Cette dernière, que l'on traverse d'abord, offre de très-beaux plâtres d'après les Statues les plus célèbres de Rome & de Florence; tels que l'Hercule du Palais *Farnese*; l'Apollon, l'Antinoüs, le Laocoon du Belvédère; le Christ à la Minerve, par *Michel-Ange*; Attila mis en fuite, magnifique Bas-relief de l'*Algardi*; la Vénus de Médicis, & le Remouleur de la Galerie de Florence; des Statues posées sur l'un des Tombeaux de la Chapelle Sépulcrale de St. Laurent, par *Michel-Ange*, &c.

„On montre la forme d'un Doigt du

____

(*) On y cultive avec succès nombre d'arbustes & plantes *exotiques* les plus curieuses & les plus rares.

D ij

Milano:
Cabinet de
Tableaux.

pied du Coloſſe élevé à *Arona*, en l'honneur de St. Charles, qui y étoit né. Le voyageur qui n'ayant pas été aux Iſles Borromées, n'a pas vu cette immenſe Statue, peut s'en faire une idée, en voyant cette partie."

Quelques antiques originaux de beaucoup de mérite, tant en marbre qu'en bronze, de grand, de moyen & de petit modèle. Divers Uſtenciles, Meubles, Bijoux & autres raretés antiques, d'une belle conſervation. Suit la belle *Collection de Médailles*, & celle de nombre de morceaux infiniment curieux appartenans à l'Hiſtoire Naturelle, &c. (*)

La *Salle de Peinture*, eſt de plain pied & communique avec la précédente: On y a raſſemblé un nombre conſidérable de Tableaux choiſis: Voici les plus remarquables.

De *Raphaël*; „Le Carton de l'Ecole d'Athènes, de la même grandeur que celle qu'il a peinte au Vatican; morceau très-précieux."

D'*Annibal Carrache*; „une Vierge; Tableau très-eſtimé.

De *Rubens*; une Vierge environnée d'une

―――――――――――――――――――――――

(*) Le fond de ce Cabinet, eſt compoſé des morceaux d'élite, que renfermoit le *Muſéum* de *Settala*, ajoutés à la Bibliothèque lors du décès du propriétaire de cette vaſte & riche collection: Le nom de ce ſavant, de cet amateur célèbre, eſt le meilleur éloge que nous puiſſions faire des chef-d'œuvres qui ſe voyent ici, & qui faiſoient l'ornement de ſon cabinet.

guirlande de fleurs, peinte par *Jean Breughel* : La Vierge & l'Enfant sont d'une couleur fraîche & vigoureuse, digne de ce maître. "

Du *Schiavone* ; une Adoration des Mages : très-beau Tableau.

De *Jules Romain* ; la Guerre contre Maxence.

Du *Giorgion* ; une Musique ; Tableau de l'effet le plus piquant : Il est composé & peint avec une chaleur admirable.

D'*Andrea del Sarto* ; un Saint Jérôme ; & une tête de Portrait ; morceaux estimés.

De *Pierre de Cortone* ; un Crucifix, supérieurement dessiné, mais peint avec un peu de sécheresse.

De *Michel-Ange de Carravaggio* ; un Panier de Fruits... peint avec la plus grande vérité.

De *Jacob Bassan* ; „ Les Pasteurs avertis par un Ange de la Naissance du Sauveur : la Vierge, l'Enfant Jesus, St Joseph & plusieurs Pasteurs, &c. " deux des meilleurs Tableaux de ce maître.

De *Leonardo del Vinci*; quatre bons Tableaux : „ une Vierge, une Duchesse de „ Milan, un Docteur, & un Médecin qui „ tient la main droite sur un poignard.

Du *Correggio* ; le portrait d'un Docteur.

Du *Barrocchi* ; un *Tableau fort estimé*: „ On y voit la Vierge qui adore l'Enfant Jesus qui vient de naître ; St. Joseph à côté est en contemplation, & au-dessus une Gloire d'Anges : l'air de sainteté & de satisfaction répandu sur le visage de la Vierge qui est de toute beauté, est frappant...." c'est l'un des plus agréables Tableaux de ce maître.

De *Peter-Nef*; la Cathédrale d'Anvers; la perspective en est très-juste.

De *Jean Breughel* (de Velours), beaucoup de jolis morceaux. „ Les quatre Élémens, petits Tableaux admirables qu'il faut voir à la loupe pour en connoître la difficulté & le mérite (*). "

Du *même*; St. Antoine dans le Désert.

Du *même*; Daniel dans la Fosse aux Lions.

Du *même*; une Vierge avec une Couronne & deux Vases de fleurs.

Du *même*; „ un Rat, parfaitement rendu.

Du *même*; " le portrait de *Merula*, fameux Organiste.

Du *même*; „ quatre petits Tableaux (**) „ enchâssés dans un Bénitier d'argent... „ Tous ces morceaux, sont, en général, „ dessinés & touchés de la manière la plus „ spirituelle, & du plus grand fini.

Une collection fort volumineuse de *Manuscrits de Leonardo del Vinci*, est soi-

---

(*) „ *La Terre* est figurée par un Paradis terrestre rempli de quadrupèdes. Pour *la Mer*, il a représenté Neptune & Thétis environnés de poissons & d'oiseaux aquatiques. —— Pour *l'Air*; c'est une Muse qui tient une Sphère & qui est environnée d'Oiseaux —— Le *Feu*, est exprimé par des Forges & différens ouvrages forgés."

(**) „ Le premier représente J. C. portant sa croix; le second J. C. au Calvaire; le troisième, la procession des Capucins du Saint Sacrement, le quatrième, une Vierge appaisant la tempête."

gneusement renfermée dans des Armoires qui bordent un des côtés de cette Salle : ils renferment nombre de Croquis & de Desseins terminés de diverses espèces de Machines ; de projets de Canaux ; de morceaux d'Architecture civile, militaire & navale, &c. On n'en permet que très-difficilement la vue, & lorsqu'elle est accordée, à peine laisse-t'on le temps de lire même les titres de chacun de ces objets.

Milano : San Ambrogio, Serpent d'airain, San Agostino, San Francesco.

SAN AMBROGIO (*) : nous dirons peu de choses de cette Eglise. On estime beaucoup sur les lieux, le maître-Autel, qui, véritablement est très-richement orné.

On conserve dans cette Eglise un *Serpent d'Airain* (**), posé sur une espèce de colonne : Ce monument est de fabrique fort

---

(*) On voit dans le voisinage, la *Casa Borromeu*; „ remarquable non seulement par de beaux appartemens, mais aussi comme étant le Palais de la maison Borromée, devenue si célèbre par le nom de St. Charles Archevêque de Milan."

San Agostino, est peu distant de San Ambrogio; le Saint Titulaire y a, dit-on, été baptisé... On montre dans le jardin une Chapelle construite dans l'endroit même où il trouva le livre qui commença sa conversion, & où il entendit une voix lui dire, *Tolle & lege.*

San Francesco, est dans le même quartier : „ On voit dans la Chapelle de la Conception, une Vierge avec deux Anges, peinte par *Leonardo del Vinci.*

(**) Voyez à ce sujet la dissertation 59eme. de *Muratori*, dans ses *Antiquités d'Italie*, & l'*Abrégé Chronologique* de *M. de St. Marc*, tome 3, à la fin.

D iv

Milano:
Santa Maria
delle Grazie.

ancienne, mais d'un mauvais travail : Des antiquaires croyent qu'il se rapporte à quelques traits historiques, sur lesquels ils donnent leurs conjectures ; d'autres l'estiment un Esculape, d'autres encore une imitation de celui élevé par ordre de Moïse dans le désert... Le Peuple tranche la difficulté, en le regardant comme le Serpent *(en propre personne)* fabriqué sous les yeux de Moïse.

La *Bibliothèque* de cette maison est considérable, & ornée de Tableaux estimés : Nous ne l'avons point vue.

SANTA MARIA DELLE GRAZIE; *Eglise de Dominicains.* On y voit dans une des Chapelles à gauche, un *Tableau fort estimé* du *Titien*, représentant le Couronnement d'épine : Il est bien conservé & d'une beauté de coloris admirable... Les ombres cependant ont fortement noirci.

C'est dans le Réfectoire de cette maison que l'on voit le *Tableau* le plus *célèbre de Leonardo del Vinci*; il représente la Cène du Sauveur (*): „ Il est peint à fresque, bien composé (**), vigoureux de couleur ; il

---

(*) *M. Cochin* (tom. I, pag. 42, y observe un défaut singulier ; c'est que la main de St. Jean a six doigts !... Avant lui *Addisson* avoit fait la même remarque. *Voy.* le tom. IV, pag. 22, du Voyage de *Misson.*

(**) Nous observerons quant à l'éloge donné à la composition, qu'elle ne nous paroit pas dans toutes ses parties également estimable. Celui des Apôtres (nous croyons que c'est St. Pierre) en

n'est point dans la manière sèche de ce maître, & il est moins maniéré qu'aucun de ses ouvrages; la Salle y est bien en perspective... Les têtes sont belles, de grand caractère & bien coiffées; il est bien drapé, & en général fort dans le goût de Raphaël (*). "

„ Le Tableau de l'Autel de la Chapelle du Rosaire, est également de *Leonardo del Vinci*. On trouve très-plaisante l'idée d'une des Peintures à fresque de la vie de Saint-Dominique, où l'on voit le Purgatoire placé au fond d'un puits, & la Sainte Vierge

Milano: Santa Maria delle Grazie.

---

colloque avec St. Jean, fournit un épisode, qui, au premier coup d'œil, paroît fort étranger à la gravité que l'on s'attend de voir régner dans un pareil sujet : le St. Jean est coiffé comme une femme, sa carnation en a toute la fraîcheur, & sa tête exprime même une finesse riante, qu'on prendroit à la rigueur, pour l'expression de l'envie de plaire & de la coquetterie : L'Apôtre qui lui parle, a sa tête fort proche de la sienne; son air, n'est rien moins que sévère, & ses yeux qui sont sensiblement dirigés vers la poitrine du St. Jean, semblent précéder le mouvement de sa main droite, qui paroît également s'y porter.

(*) Le père *Galarate*, religieux de cette maison, est occupé depuis plusieurs années à rendre en miniature ce beau tableau : Son travail est fort avancé, & il est digne d'éloge : son cabinet est celui d'un artiste plein de talens & de goût ; il est décoré par un nombre considérable de jolis morceaux, tous de sa main : la plupart sont des copies des tableaux les plus célèbres d'Italie ; cette collection est charmante & mérite d'être mieux connue.

D v

Milano:
Palazzo Li-
ta, San Mar-
co.

puifant des ames avec un Chapelet qui fait la chaîne."

Le chemin que nous parcourons, nous conduit vers le PALAIS du Marqui *Lita* (*): ce bâtiment eft l'un des plus vaftes de Milan : l'extérieur en eft noblement orné. L'intérieur n'a pas moins de mérite; on y remarque une diftribution très-bien penfée, & des appartemens meublés, avec autant de goût que de richeffe.

SAN MARCO; grande & vafte Eglife, l'une des plus belles de Milan : on y voit quelques Tableaux de mérite : Le plus eftimé eft celui où le *Procaccino* a repréfenté la Difpute de St. Auguftin avec St. Ambroife ; il eft placé dans le Sanctuaire à droite. Le Baptême de St. Auguftin, décore le côté parallèle ; ce fecond Tableau eft du *Cerano* ; il eft bon, mais moins que le précédent.

On remarque encore quelques Frefques de *Paul Lomazzo*; peintes dans la première

---

(*) Cette maifon jouit depuis nombre d'années, de la réputation la plus diftinguée ; elle eft habituellement le centre de la meilleure, de la plus délicieufe compagnie ; & la magnificence & l'urbanité, forment le caractère diftinctif des maîtres qui l'habitent. C'eft un éloge que tous les étrangers qui y ont été admis, s'empreffent de publier : il n'eft aucune maifon en Italie, qui, à cet égard, peut lui être comparée.

Peu loin du Palais Lita, eft l'Eglife des Olivetains, appelée *San Vittore*, récemment reconftruite & très-richement décorée : nous ne lui connoiffons que ce mérite.

Chapelle en entrant dans l'Eglife à droite; celle fur-tout repréfentant la Chute de Simon le Magicien.

Milano : Santa Maria in Brera.

Les murs des deux Cloîtres font remplis de Peintures, parmi lefquelles, on en remarquera d'heureufement traitées.

Dans le premier de ces Cloîtres, on trouve un *petit Maufolée antique* de marbre, encaftré dans le mur : la forme, en général, eft petite & fans caractère. On y voit audeflus de la repréfentation d'une Femme couchée (vraifemblablement celle pour qui ce monument a été élevé) les trois Grâces exactement nues, ,, dont deux qui font vues pardevant, montrent diftinctement & fort en grand le caractère de leur fexe." Elles s'embraffent bien, & le deffein, fans être des plus correct, eft agréable & coulant. La proportion de ces petites figures eft de fept à huit pouces. Elles ont fouffert; on les a reftaurées, & il eft fenfible que le caractère de leur fexe, fi fingulièrement marqué, eft l'ouvrage de quelques mains modernes, voluptueufes; mais peu adroites.

SANTA MARIA IN BRERA; grand & beau Collége avec le titre d'Univerfité, dirigé précédemment par les ci-devant Jéfuites. Cette maifon n'eft point (& vraifemblablement ne fera jamais) finie : ce qui eft exécuté eft beau; le bâtiment du milieu & l'aile droite font élevés : il règne au rez de chauffée, de même qu'au premier étage, une galerie décorée en colonnade; on y a employé les ordres dorique & ionique : l'un & l'autre font un bel effet.

D vj

Milano : Porta Beatrice.

Le grand Efcalier, placé au centre du bâtiment fe développe avec nobleffe : on y voit dans une efpèce de niche une Statue coloffale de la Vierge : on a placé en faillie, au pied & contre le piédeftal qui la fupporte, un globe de marbre furmonté par un Serpent de bronze ; autour de ce globe, règne une zone auffi de bronze, fur laquelle font repréfentés en relief plufieurs fignes du Zodiaque, parmi lefquels font le Sagittaire & le Verfeau, & c'eft de l'urne de celui-ci que l'eau fort quand on fait jouer la pompe qui eft près de ce globe : Le furplus de l'eau puifée eft reçu dans un baffin de marbre en forme de coquille... En général cette compofition eft moins belle, que fingulière : Quant à l'exécution, elle eft au total affez médiocre.

Les Salles d'études font belles & bien diftribuées.

La *Bibliothèque* de cette maifon, jouit à Milan, d'une haute réputation ; on la fait marcher de pair, avec celle Ambroifienne : Une collection célèbre de Médailles en fait partie.

L'*Obfervatoire* paffe pour un des beaux d'Italie, & le plus complet en inftrumens aftronomiques. (*)

(*) Près de ce Collége eft la *Porta Beatrice* (ou Porta San Marco) ; nous ne l'indiquons, que parce que c'eft de cette porte que commence le *Canal* tiré de l'*Adda*, appelé *Martefana* : Nous avons vu (ci-devant) l'autre point de dé-

SAN FEDELE; Eglife précédemment dépendante de la Maifon profeffe des ci-devant Jéfuites : les uns attribuent au *Bramante*, d'autres au *Pellegrini*, cette compofition, regardée à Milan, comme l'un de leurs plus fuperbes édifices : il y a certainement de bonnes parties, & à tout prendre il mérite d'être vu.

LA DOUANE (ci-devant *Cafa Marino*), eft un des beaux morceaux d'architecture de Milan ; nous nous gardons bien de le citer comme le plus correct, le plus régulier, mais comme l'un de ceux qui forment le plus bel effet.

PALAZZO *Durani*, fitué fur le *Corfo di Porta Orientale* (*). La façade de ce bâti-

Milano : Santa Fedele, Cafa Cufani, Cafa Simonetta, Cafa Clerici, Palazzo Durani, Santa Catherina in Brera. Cafa Arefe.

part de ce même canal, à mi-chemin à peu près de Bergame à Milan.

La *Cafa Cufani*, eft dans le voifinage ; ce bâtiment eft d'une fort belle apparence — La *Cafa Simonetta*, n'eft pas fort éloignée ; ce bâtiment eft également d'une bonne conftruction.

La *Cafa Clerici*. ,, Maifon fuperbe, meublée ,, avec magnificence, & dans le meilleur ftyle ; ,, c'eft ce que l'on cite de préférence à Milan ,, pour un modèle d'élégance & de goût. '' Nous n'avons point vu l'intérieur.

(*) ,, On donne à Milan le nom de *Corfo*, à ,, toutes les grandes rues qui pourroient fervir à ,, la courfe des chevaux : Tel eft le *Corfo di Porta* ,, *Vercellina*; *Corfo di Porta Romana*, &c.

Dans le voifinage *delle Porta Orientale*, eft fituée *Santa Catherina* (*in Brera*.), jolie Eglife de religieufes, ornée avec goût.

La *Cafa Arefe*, fort bel hôtel ; dans lequel fe trouve, dit-on, une belle collection de Tableaux. Nous ne l'avons point vu.

Milano :
Seminario,
Collegio El-
vetico.

ment, eſt d'un très-grand caractère; elle offre de fort belles maſſes & quelques heureux détails.

LE SÉMINAIRE, eſt l'une des belles fondations de St. Charles : ce bâtiment pris dans ſa totalité, eſt d'un fort bel effet : La cour eſt entourée d'une galerie formée par des colonnes accouplées : cette diſpoſition très-noble ſe répète dans l'étage ſupérieur.

La Porte d'entrée eſt mauvaiſe; une plate-bande (puiſqu'il ne vouloit pas la ceintrer), eût infiniment mieux fait, que les pans coupés, par leſquels elle eſt terminée. Toute cette compoſition eſt de *Joſeph Mela* (*).

LE COLLÉGE HELVÉTIQUE, autre fondation de St. Charles, ſupérieure encore à la précédente. Ce qui eſt exécuté de ce bâtiment (**), a été élevé ſur les deſſeins du *Pellegrini* : c'eſt une fort bonne choſe à voir, quant aux maſſes principales, l'enſemble a beaucoup de nobleſſe. Deux cours, qui ſe communiquent, ſont entourées de colonnes, qui, de même que dans le précédent bâtiment, laiſſent régner entr'elles & le mur de clôture, une galerie qui ſuit le même plan, & qui ſe répète également au premier étage. On remarquera que l'architecte a employé dans les angles des Pilaſtres carrés au lieu de Colonnes : Ce mé-

_____

(*) On voit dans la première cour de cette maiſon une fort belle colonne de granit couchée à terre; elle mériteroit bien d'être élevée quelque part.

(**) Le côté droit reſte à faire.

lange peine à l'œil du connoisseur ; une colonne étoit aussi solide & feroit mieux (*). *Milano : Lazzareto, Casa di Correzione.*

Lazzareto, Hôpital situé hors la Porte Orientale... il a deux cents trois toises de longueur & cent quatre-vingt-dix-sept de largeur : les grands côtés ont chacun cent trente-une arcades & les petits côtés en ont cent vingt-sept : Ces arcades sont portées par de mauvaises petites colonnes... & renferment deux cents quatre-vingt-seize chambres à cheminées.... Au milieu de la cour est une Chapelle de forme octogone, disposée de manière à être vue de presque toutes les chambres, &c. (**)

Casa di Correzione, Hôpital général nouvellement reconstruit, situé au nord de la

---

(*) L'Hôtel de M. le Comte *Firmian*, Ministre plénipotentiaire de Sa Majesté Impériale & Royale, est dans le voisinage ; il est peu remarquable, il n'a même nul mérite dans ses dehors ; mais la distribution en est sagement pensée : les appartemens sont ornés moins somptueusement, que noblement, & avec goût ; on y remarque quelques Tableaux de prix, & une Bibliothèque nombreuse, & du plus excellent choix.

Ce Ministre, si universellement chéri des peuples que son administration rend heureux, jouit dans tout le reste de l'Europe de l'estime la plus étendue, & la mieux méritée.

(**) „ Ce grand édifice, construit autrefois pour les pestiférés par Louis *Sforce* en 1489, a été achevé par *Louis XII* en 1507. Il ne sert guères „ aujourd'hui qu'à tenir une partie des chevaux „ du Prince de Modène ; & l'on sème du gazon „ dans la cour."

Milano :
Cafa di Correzione.

Ville & dans l'intérieur des remparts. Environ un tiers du plan général, eſt ſeulement élevé : On y remarque une diſtribution parfaitement entendue, & c'eſt de tous les édifices de ce genre, celui qui nous a paru le plus digne d'éloge. Tous ceux qui y font détenus, font cenſés n'avoir point commis de fautes graves : Les pauvres y font foulagés, & l'on y occupe au profit de la maiſon, tous ceux en état de travailler ; on les y oblige même, non-ſeulement par la voie de punition, de châtiment; mais plus encore par les récompenſes pécunieuſes qui leur font aſſurées : L'adminiſtration y reçoit auſſi des ſujets à la ſollicitation de Pères, Mères & chefs de famille.

Les Priſonniers font renfermés ſeul à feul dans des cafes ou cellules qui ont huit pieds de profondeur, fur fix de largeur, & un peu plus de ſept de hauteur : Elles font éclairées par une fenêtre extérieure d'environ deux pieds d'ouverture, & par une feconde pratiquée à côté de la porte, & par laquelle reçoivent leurs alimens & autres néceſſités, ceux que l'on juge devoir plus particulièrement reſſerrer.

Chaque corps de galerie, eſt d'un trèsgrand vaſte ; c'eſt proprement un immenſe falon ; de hautes colonnes embraſſent les trois étages de logement ; elles laiſſent au rez de chauſſée un large paſſage, & un eſpace ſuffiſant entr'elles & la clôture extérieure des cellules, pour donner au priſonnier celui néceſſaire pour s'y occuper de divers menus travaux, dans les heures qui lui appartiennent.

Tout ce que l'on peut imaginer pour *Milano:* maintenir le meilleur ordre, la plus grande *les Galè-* propreté & falubrité poffibles, fe remarque *res.* ici dans un degré d'intelligence fupérieure.

LES GALÈRES. Ce n'eft que depuis quelques années, que le gouvernement ceffe d'envoyer à Venife (*) les malfaiteurs que les Tribunaux condamnoient à la chaîne; foit pour un temps limité, foit pour leur vie; il a fenti qu'il étoit poffible de tirer quelques fervices de ces criminels, & à l'imitation de prefque tous les fouverains d'Allemagne, on les employe ici à une infinité de travaux publics; ils offrent d'ailleurs à la multitude, un exemple permanent de la furveillance de la juftice, & la crainte de ne pouvoir lui échapper & d'éprouver un pareil châtiment, peut empêcher bien des crimes.

Mais le Magiftrat en puniffant d'après la loi, n'a point voulu multiplier à l'infini leurs peines : ces malheureux font chauffés & couverts; leur nourriture eft faine & fuffifante, & leur prifon n'eft ni dangereufe, ni hideufe, ni cruelle (**). On a fait choix

---

(*) La république anciennement les recevoit indiftinctement; enfuite elle ne voulut plus retenir que ceux qui pouvoient lui être le plus utiles, & comme le fupplice de l'*Eftrapade* que l'on donnoit alors avec rigueur, eftropioit fouvent pour la vie ceux qui en étoient punis, elle refufoit ceux-ci, qui dès-lors, reftoient à la charge du Souverain de Milan.

(**) Bien différente en cela de celles qui viennent récemment d'être conftruites à Bruges, à

Milano : les
Galères.
d'un emplacement parfaitement aëré & dans lequel circule un fort volume d'eau courante.

On trouve au rez de chauffée une cour assez vaste dont on accorde la jouissance à ceux que l'on juge mériter cette condescendance (*).

La Cuisine, la Boulangerie, la Buanderie, l'Infirmerie, &c. sont placées dans le bas, & chacun de ces objets le plus avantageusement possible : on ne peut trop faire d'éloge de cette disposition.

On a établi dans l'entre-sol (**), nombre de Métiers de différentes étoffes de laine, auxquels on occupe ceux des prisonniers qui les exerçoient ci-devant avec succès, & ceux que l'on juge avoir des dispositions pour les apprendre. Leur travail journalier est au profit de la maison, avec néanmoins cette indulgence, que ce qu'ils ouvragent ou fabriquent les jours de fêtes & dimanches, ou dans leurs heures de repos, est à leur profit.

On les réunit chaque soir & lors de la

Gand, à Bruxelles : dans ces dernières sur-tout il semble qu'on ait pris à tâche de rassembler tout ce qui pouvoit faire naître dans le cœur du prisonnier & le désespoir, & la mort.

(*) On a pratiqué dans une partie de cette cour quelques boutiques, dans lesquelles, à de certains jours, ils étalent les ouvrages qu'ils ont faits pour leur profit particulier.

(**) Cet entre-sol est trop bas & ne reçoit point assez d'air : Celui qu'on y respire est dangereux; aussi se propose-t-on d'y remédier incessamment.

cessation de tout travail dans une large galerie, soutenue par des colonnes qui montent de fond, à l'une des extrémités de laquelle est une Chapelle très-propre. De droite & de gauche, on a pratiqué trois étages de corridors ouverts de huit à dix pieds de largeur: c'est sur ces corridors que couchent les Forçats. Ils sont en tout temps enchaînés: on y ajoute chaque soir une nouvelle chaîne qui les assujettit tous l'un à l'autre, sur la même file; cette chaîne embrassant la longueur totale du corridor : conséquemment on en est absolument les maîtres. L'hiver, cette vaste salle est échauffée par un poële.

LES PRISONS. Le proverbe qui dit, que rien n'est plus triste que la porte d'une prison, ne peut avoir lieu pour celle-ci : On y entre par un portail fort décoré; une vaste cour distribue au rez de chaussée une galerie en portiques ouverts formée par des colonnes accouplées, qui font un assez bel effet. Il n'existe certainement point de prison dont les abords soyent aussi magnifiques. Les Cafes où sont détenus les prisonniers ordinaires, sont au rez de chaussée : La Salle où ils se tiennent le jour est éclairée par de grandes arcades, fermées par de doubles grilles à travers desquelles ils ont la liberté de parler à tout le monde (*).

Milano : Carceri.

―――――――――

(*) „ *Casa Castelli*, que l'on trouve près du
„ canal, en allant par le *Corso di Porta Tosa*, est
„ un des beaux Palais de la ville : nous ne l'a-
„ vons point vu.

Milano: Palais Archiépiscopal. L'*Archevêché*: l'extérieur de ce Palais est peu remarquable, mais il renferme une collection de Tableaux fort estimés.

Du *Giorgion*; Moïse sauvé des eaux; „C'est un chef-d'œuvre; les têtes sont bel-„les & pleines d'expression, les chairs très-„vraies, &c."

Du *Guerchino*; Judith, dans l'instant où elle coupe la tête à Holopherne; David tenant la tête de Goliath: deux petits Tableaux peints sur ardoise. „Il y a beaucoup „d'action & d'expression dans le premier, „il est même piquant d'effet, &c."

Du *Procaccino*; une Magdelaine consolée par un Ange.

Du *même*; le Mariage de sainte Cathérine: très-beau Tableau; la tête de la Sainte est, on ne peut pas plus agréable; celle de la Vierge a beaucoup de noblesse, & le Bambino est très-joli, il donne sa main à baiser à Ste. Cathérine avec beaucoup de grâce & de naïveté, &c.

Du *Palmo Vecchio*; la Femme Adultère: „Tableau composé sagement & l'un des „meilleurs de ce maître pour la couleur „locale & l'expression."

De *Michel-Ange Carraggio*; un St. Sébastien, peint d'une très-grande manière; il est d'un excellent effet.

De *Carnaletti*; une belle suite de Vues de Venise.

Le Martyre des saintes Seconde & Rufine; Tableau de trois Peintres différens; Ste. Seconde déjà morte, est du *Cerano*; Ste. Rufine prête à recevoir le martyre, est du *Procaccino*; le Bourreau est peint par le *Morazzone*: ,, Ce Tableau est vigoureux ,, de couleur; les ombres ont fortement ,, poussé au noir.

Milano: la Passione, Fopone.

Du *Morazzone*; une Adoration des Mages: ce Tableau est composé & peint dans la manière du Titien, dont il étoit élève; mais il est très-loin de la perfection de ce très-grand maître.

Du *Panini*; une suite de Tableaux qui remplissent seuls une très-grande salle; il y a représenté divers sujets de l'ancien & du nouveau Testament.

Nombre de Desseins de différens maîtres; de Leonardo del Vinci; de Michel-Ange; du Guide; de Paul Veronese, &c.

LA PASSIONE; *Eglise de Chanoines Réguliers*: la façade est ornée ,, de plusieurs Bas-reliefs qui représentent d'une manière expressive & pathétique les différens mystères de la Passion." Ces Bas-reliefs exceptés, toute cette composition est des plus médiocre.

On regarde comme deux des meilleurs Tableaux du *Campi*; celui placé au-dessus de la principale porte d'entrée, dans lequel il a représenté, ,, St. Charles Barromée à son bureau, méditant sur un Livre, à côté duquel est son déjeûné." Le second décore la première Chapelle à droite; il a pour sujet une Ste. Famille: ce dernier est supérieur au précédent.

FOPONE ou *Sepolchri dell'Ospital Maggiore*. On ne prendroit jamais cette construction pour un Cimetière, & nous ne

Milano :
San Philippo de Nery,
San Barnaba.

croyons pas qu'il en éxifte un plus magnifique en Europe (*). La maffe générale a la forme d'une croix grecque dont les quatre extrémités font arondies; une galerie foutenue par des colonnes accouplées, donne intérieurement une décoration d'un très-beau genre, mais l'ordre dorique qui la caractérife, n'y eft pas employé avec pureté, & les licences qu'on y a prifes, réuffiffent mal. Cette galerie eft exhauffée du fol intérieur de quelques marches; les caveaux qui fervent de fépulture font diftribués fous ce portique : De vaftes fenêtres grillées font pratiquées fymétriquement autour du mur extérieur, ou de clôture ; elles donnent autant de percés agréables fur la ville & fur la campagne.

On a bâti au centre de l'efpace vide, une petite Eglife que l'on a affujettie au plan général ; elle eft proprement, mais fimplement décorée (**).

―――――――――――――――――

(*) Le Cimetière de *Bufalora* (fitué deux poftes en avant de Milan fur la route de *Verceilli*), eft imité de celui-ci ; il eft d'une conftruction également curieufe ; nous invitons d'y jeter un coup d'œil : le temps de relayer fuffit, pour s'y faire conduire & rejoindre fa voiture.

(**) On peut voir en fe repliant vers le centre de la ville, l'Eglife de *St. Philippe de Néry;* elle eft petite, mais ornée avec goût.

San Barnaba : ,, Le grand Autel de cette Eglife ,, eft remarquable par fa propreté & fa richeffe; ,, il eft tout garni de petits panneaux d'écailles ,, enchâffés dans des cadres d'argent, &c."

BIBLIOTHÈQUE *Pertufati*) dans le *Borgo di Porta Romana*), que la ville a achetée dans l'intention de la rendre publique; on l'eſtime encore plus que la Bibliothèque Ambroiſienne, du moins pour la rareté des livres & des éditions." Nous ne l'avons point vue.

<small>Milano: Bibliothèque Pertufati, lo Spedale Maggiore, Palais Ducal.</small>

LO SPEDALE MAGGIORE, vaſte bâtiment décoré avec une richeſſe ſurprenante. La cour principale, eſt, à peu près carrée; elle peut avoir trois cents cinquante pieds: elle offre deux étages de galeries; celle du rez de chauſſée eſt ornée de colonnes ioniques; l'ordre compoſite caractériſe l'étage ſupérieur: ces deux ordres ſont employés avec toute la pompe & la richeſſe dont ils ſont ſuſceptibles, mais non avec l'élégance qui leur eſt propre.

L'entrée principale de la Chapelle donne ſur cette cour; on doit y voir une Vierge, *beau Tableau* du *Guerchin*, placé ſur le grand-Autel.

On porte le nombre des Lits dreſſés dans cet Hôpital à douze cents. „ On y élève, dit-on, juſqu'à quatre mille Enfans trouvés... Toutes les ſalles ſont voûtées."

PALAIS DUCAL. On eſt occupé actuellement à y faire de grandes augmentations, & autant d'embelliſſemens que le local des lieux peut le permettre. La nouvelle façade eſt d'un bon genre; on donne le plus de régularité qu'il eſt poſſible aux cours, & l'on améliore également l'ancienne diſtribution. L'enceinte qu'occupe ce Palais, eſt fort vaſte.

Milano :
San Nazaro.

C'étoit près, & même attenant ce Palais, qu'étoit construite la belle SALLE DE SPECTACLE, qui a été récemment incendiée : On en construit maintenant une autre dans un emplacement qui paroît des plus favorable : cette Salle sera très-vaste, & le travail en avance beaucoup (*).

SAN NAZARO (**); grande Eglise Collégiale, située près de la Porte Romaine : elle est précédée par un porche ou vestibule de forme octogone qui monte de fond : au-dessus du premier ordre on voit huit Tombeaux de la famille des *Trivulzi :* Ces Tombeaux sont traités avec la simplicité propre à ce genre de monument, mais on en auroit dû varier davantage la forme. En général ce vestibule fait un bon effet ; *il est vraisemblable qu'il a fourni l'idée de la Chapelle Sépulcrale de St. Laurent à Florence.*

SANTA

––––––––––––––––––––––––––––––––

(*) Cette Salle est élevée sur l'emplacement d'une ancienne Eglise ou Oratoire, qu'on a démolie à cette occasion ; opération, qui, comme on doit le croire, n'a pas fort édifié nombre de dévots Milanois.... Mais quand on supprimeroit une centaine encore de ces petites Eglises, il en resteroit beaucoup trop, même dans la supposition où la population pourroit augmenter au double de celle actuelle. Il n'est aucune Ville Catholique en Europe (Rome même comprise) où l'on compte autant d'Eglises, de Monastères, de Chapelles, de Confréries, &c. &c. qu'à Milan.

(**) On pourra diriger sa marche pour se rendre ici du Palais Ducal, par la *Casa Annoni :* ce Palais est décoré d'une manière intéressante,

SANTA MARIA *di San Celso* (*), ,, l'une ,, des Eglises des plus estimées de Milan, ,, & que l'on assure être élevée sur les des- ,, seins du *Bramante* :" Elle est entièrement construite en marbre. L'Eglise proprement dite, est précédée d'une cour, ouverte sur la rue, par trois portes : Cette cour forme un carré long, décoré en colonnes, qui donnent une galerie couverte en face, & de l'un & de l'autre côté du portail. Cette décoration est médiocre, & l'ordre Corynthien qu'on y a employé, manque d'effet.

Milano : Santa Maria di San Celso.

Le Portail est d'un dessein excessivement tourmenté ; il est plus que douteux qu'il soit réellement de l'artiste célèbre auquel on l'attribue : Il est d'ailleurs orné de beaucoup de Sculpture & la plupart de bonnes mains. Les *Statues d'Adam & Eve* (**), en marbre, ornent les deux niches pratiquées près des deux petites portes : ,, Elles sont ,, bien pensées; la première est très-noble, ,, la seconde est la figure de la beauté même, ,, taillée par la main des Grâces ; l'Anti- ,, que offre peu de morceaux plus purs, plus ,, corrects de dessein, & d'une plus agréable ,, expression. On donne communément ces

---

(*) La *Porte Romaine*, sous laquelle on passe en se rendant de *San Nazaro* à *San Celso*, est une des curiosités de Milan ; la singularité de sa construction, fait tout son mérite.

(**) Ces figures offroient d'abord leur nudité, dans toute la vérité de la nature ; on y a ajouté depuis des feuilles de pampre en bronze.

Tome IV. E

<small>Milano : Santa Maria di San Celso.</small> deux beaux morceaux à *Artaldo Lorenzi*, Florentin.

Les deux Sibylles, également de marbre, couchées l'une & l'autre fur le fronton brifé placé au-deffus de la porte principale, font du *Fontana* ; ces figures font belles, mais très-éloignées du mérite des précédentes. Le Bas-relief placé au-deffus de cette porte, de même que les deux autres moins grands qui l'accompagnent de droite & de gauche, font également de ce dernier maître : On leur reproche un peu trop de lourdeur.

L'intérieur de l'Eglife, eft un peu plus fagement traité. On remarque au-deffus de la petite porte d'entrée à gauche une Vierge (*) en marbre, par le *Fontana* ; elle eft belle, fans être néanmoins un chef-d'œuvre.

En avançant vers le Sanctuaire, on doit voir une Vierge & trois Prophètes en marbre, du *même* maître, placés dans des niches : ces quatre *morceaux* font *fort eftimés*. La niche dans laquelle eft placée la Vierge, eft devenue par fucceffion de temps un Autel très-décoré, fort riche : Les colonnes qui le foutiennent font revêtues de lames d'argent, & leurs bafes & chapiteaux, font en outre dorés. De groffes lampes brûlent

---

(*) Elle avoit été deftinée pour couronner ce même portail ; on l'a jugée trop belle, & on lui en a fubftitué une autre moins précieufe. On n'en auroit point dû mettre du tout ; le fommet d'un fronton, n'eft certainement pas fait pour porter une figure.

sans cesse devant cet Autel, & des milliers d'*Ex-voto* de même matière, garnissent très-symétriquement la frise & la corniche dans tout le pourtour de la nef: Le nombre en est inconcevable.

Milano: Santa Maria della Vittoria, San Laurenzo.

On trouve quelques bons Tableaux dans plusieurs des Chapelles de cette église: le meilleur est de *Paris Bordone*; il représente la Vierge invoquée par St. Jérôme: c'est un des meilleurs morceaux de ce maître, élève distingué du Titien.

SANTA MARIA *della Vittoria*; jolie petite Église de Religieuses Dominicaines: le portail, sans être excellent, fait un bon effet; la coupole réussit également bien: & l'ensemble total, plaît au premier coup d'œil.

L'intérieur est décoré avec noblesse & avec goût. Le Tableau placé au-dessus du maître-Autel, est assez généralement attribué à *Salvator Rosa*; il représente l'Assomption de la Vierge; ,, On le trouve bien composé, bien dessiné, on y remarque beaucoup d'expression, mais peint avec un peu de molesse, & moins bien colorié, que ne le sont les belles productions de ce maître.

Deux très-*beaux Paysages* du *Poussin*, décorent les deux côtés du Sanctuaire: Il a représenté St. Paul hermite dans celui placé à gauche; St. Jean dans le désert, est le sujet de celui à droite. Ces deux Tableaux ont souffert; ils ont néanmoins encore un grand mérite.

SAN LAURENZO. On vante beaucoup ici la construction de cette Eglise; la hardiesse & la singularité, sont cependant à peu près

E ij

Milano :
San Lauren-
zo, Anti-
quités.

ses seuls mérites : le plan semble être calqué sur celui de *St. Vital de Ravenne :* C'est un octogone, sur quatre côtés duquel est ajoutée par forme de prolongation, une petite nef terminée en cul-de-four! Une colonnade qui suit le même plan, distribue dans tout le pourtour une galerie qui tient lieu de petites nefs ou bas-côtés. L'intérieur de la coupole fait assez bien, & les tribunes pratiquées au-dessus du premier ordre, se présentent avec quelque noblesse. Extérieurement cette composition a peu de mérite, la courbure de la coupole s'élance trop précipitamment ; elle est mal couronnée.

On voit près de cette Eglise un assez *beau reste d'Antiquité*, le seul qui subsiste encore à Milan : il consiste en seize colonnes corynthiennes cannelées de marbre, disposées de manière à faire juger qu'elles formoient le portique de quelque édifice (*) vaste & somptueux : Elles sont posées sur un soubassement dont une partie reste enterrée. Ces colonnes ont entr'elles un égal

___

(*) On a placé contre un corps de maçonnerie qui sert de contre-fort à la dernière colonne de la gauche, une *Inscription* (qui paroît être véritablement antique) trouvée dans le voisinage ; par laquelle on pourroit juger que le Temple auquel appartenoit ce portique, avoit été élevé à l'honneur de l'Empereur *Verus* vers l'an 165, de l'ère chrétienne. Si cette inscription regarde bien certainement cet édifice, elle détruiroit l'opinion commune qui le suppose avoir été un Temple érigé à *Hercule* avec des bains, par l'Empereur *Maximien*, vers l'an 286.

espacement, les deux du milieu exceptées, qui paroissent donner une distance à peu près double. Dans leur état actuel il est assez difficile d'en juger; aucune n'est entière: Ce qui subsiste des bases, est d'un beau profil; quant aux chapiteaux, toutes les parties saillantes ont disparu: l'ancienne architrave se voit encore dans presque toute sa longueur, mais la frise & la corniche sont détruites. Une main mal-adroite, ignorante, a réuni l'entre-colonnement du milieu par un grand arc construit en brique: Rien n'est plus maussade & plus ridicule.

Il est triste qu'on n'ait pas su profiter de cette colonnade lors de la construction de *San Laurenzo*: on a fait ici la même faute qu'à Rome, à l'égard du Temple de *Faustine*. On a bâti en retraite de ces deux belles ruines, quand rien n'étoit plus facile & plus avantageux, d'unir avec l'ancienne la nouvelle composition.

SANTA MARTA (*); *Eglise de religieuses* dans laquelle on va voir la Statue de *Gaston de Foix* (**), en marbre; mais plus intéressante par le héros dont elle rappelle la mémoire, que par son mérite propre.

Nous ne ferons qu'indiquer ici les EGLISES de *San Alessandro*, & *San Sebastiano*: La

Milano: San Lauren-zo, Ruines. Santa Marta, San Alessandro, San Sebastiano Casa, Visconti.

(*) *Casa Visconti*, est dans le voisinage; ce bâtiment sans être fort beau, est d'un grand caractère.

(**) Les Bas-reliefs qui ornoient l'ancien Mausolée, font aujourd'hui partie des curiosités qui embellissent *Castellazzo*.

E iij

Promenades publiques.

première est vaste & fort ornée; le maître-Autel est d'une extrême richesse, mais d'un assez pauvre travail: on regrette de voir autant de matières précieuses, employées avec si peu de goût. La seconde (*San Sebastiano*), est d'un goût de construction mieux pensé & que l'on parcourt avec plaisir (*).

PROMENADES. Plusieurs longues portions des remparts sont ornées d'arbres & servent à l'usage public: La noblesse paroît avoir adopté l'esplanade qui est entre la ville & la citadelle: On y voit un peu avant le coucher du soleil un nombre assez considérable de beaux Equipages. On arrose avec soin, non seulement la promenade proprement dite, mais encore les principales issues qui y conduisent: les forçats sont occupés à cette police.

Excursion de Milan à Pavie.

*** ON compte deux postes de Milan à *Pavie*, & la route est très-agréable & très-belle: quelques milles avant d'y arriver, on laisse à peu de distance de la route, la célèbre Chartreuse, que nous parcourrons à notre retour de Pavie à Milan.

PAVIE, est fort vaste; sa situation sur le *Tessin*, & au milieu d'une plaine extrêmement fertile, prévient d'abord en sa faveur: elle est assez généralement bien bâtie; on y remarque un nombre considérable

---

(*) Nous laissons encore les Eglises *San Paolo*, *San Eustarchio*, *San Eusebio*, &c. pour ceux qui ne veulent absolument rien perdre.

de rues larges & bien alignées ; quelques places peu vastes ; mais bien percées : On croit que la population passe trente mille ames.

Piazza Maggiore, est celle qui précède la Cathédrale ; elle est décorée en portiques, & la masse totale fait assez bien : c'est sur cette place qu'est juchée sur une mauvaise colonne, une *Statue équestre en bronze* que l'on prétend (à Pavie) représenter *Marc-Aurèle-Antonin* : La Statue a un peu moins de cinq pieds de proportion ; elle & le Cheval ont fort peu de mérite.

LA CATHÉDRALE que l'on est occupé à reconstruire, ne sera pas un édifice merveilleux : en général on voit peu de belles Eglises à Pavie : il n'en est aucune d'intéressante quant aux arts. Celle de SAN PIETRO, est d'un assez beau gothique ; mais elle est plus recherchée pour quelques Tombeaux (*) qu'elle renferme, que par le mérite de sa construction propre. On indique encore aux curieux, celles des *Dominicains*; de *San Salvador*; *il Carmine*; *San Micheli*, &c. &c.

L'UNIVERSITÉ & les treize Colléges qui

Pavia: Piazza Maggiore, il Duomo, San Pietro, San Salvadore, il Carmine, &c., l'Université.

(*) Indépendamment du corps de *St. Augustin*, que cette Eglise prétend posséder, ils jouissent plus authentiquement des cendres de *Boëce*, ,, Consul Romain également célèbre par sa scien- ,, ce, son éloquence, sa piété & ses malheurs. On ,, y voit aussi les Tombeaux de *François Duc de* ,, *Lorraine*, & de *Richard Duc de Suffolck*, qui ,, périrent à la bataille de Pavie.

Pavie : la Chartreuse. font fous fa dépendance, paroiffent affez déferts : Une *Statue* de *Pie V*, en bronze, eft élevée devant l'un de ces Colléges dont il a été le fondateur (*Collegio del Papo*); cette Statue eft eftimée. Le Collége fondé & élevé par St. Charles Borromée, eft un très-beau & très-vafte bâtiment, d'une conftruction très-noble & calquée, à peu de différence près fur le Collége Helvétique, & le Séminaire de Milan : plufieurs Salles font ornées de peintures du *Zuccheri*.

Le *Pont du Teffin*, eft encore une des curiofités de Pavie ; il eft grand & d'une conftruction affez hardie : Une partie eft revêtue en marbre & cache les briques dont il eft entièrement conftruit ; il eft couvert dans toute fa longueur : C'eft la promenade favorite des habitans de cette ville.

CHARTREUSE DE PAVIE (*). Nous avons laiffé fur notre gauche en venant de Milan ici, ce Monaftère célèbre : Une double & belle allée d'arbres (longue d'un peu moins d'un mille) le fépare de la grande route qu'il faut quitter pour s'y rendre. On croit, dans le pays, ce Monaftère le plus magnifique de tout l'ordre : Il eft certain qu'il eft d'un très-grand vafte & que fon fondateur (**) femble n'avoir rien épar-

---

(*) On fait que c'eft dans les environs de ce Couvent, que FRANÇOIS Ier. perdit la bataille dite de Pavie, le 24 Février 1525, & dans laquelle il fut fait prifonnier, par le *Connétable de Bourbon*, qui commandoit pour CHARLES-QUINT.

(**) *Jean Galeas Vifconti* ; On prétend que

gné pour lui donner cette prépondérance. Pavia: la Chartreuſe.

L'Egliſe, ainſi que les premiers Cloîtres, ſont exécutés ſur les deſſeins du *Bramante*. Le Portail eſt exceſſivement orné, & dans cette multitude d'ornemens, on en trouve pluſieurs d'ingénieuſement penſés & d'un travail ſatisfaiſant. L'intérieur de l'Egliſe flatte d'abord; le plan en eſt ſage & le caractère de ſa décoration, eſt, dans la majeure partie, noble & magnifique: Toute la voûte eſt peinte à fond d'azur ſemée d'étoiles & de roſettes de bronze doré.

Le maître-Autel eſt d'une richeſſe ſurprenante: Les marbres les plus rares, & les pierres les plus précieuſes, y ſont employées avec une profuſion inconcevable: On y remarque quelques parties de beaucoup de mérite. Le *Bas-relief en marbre* qui fait Devant d'Autel, eſt *très-beau*; il a pour ſujet, l'Enſeveliſſement du Sauveur: Il eſt de *Thomaſo Orſolino*, Génois. Les Statues repréſentant les Vertus Cardinales traitées en marbre, ſont également de bonnes mains.

Les Freſques qui garniſſent tout le pourtour du chœur, ſont de *Daniel Creſpi*; il y a exprimé la Nativité du Sauveur; l'Adoration des Mages; la Préſentation au Temple; & le Sauveur diſputant avec les Docteurs de la Loi. ,, Les peintures d'en ,, haut repréſentent la vie de St. Bruno...

---

cette maiſon jouit de plus de cinq cent mille livres de revenu.

„ Ces Tableaux font peints d'une manière „ large & aſſez bonne.

<small>Pavia: la Chartreuſe.</small>

Les Chapelles diſtribuées dans les bas côtés de droite & de gauche, font également fort ornées : On remarquera que les Devants d'Autels de pluſieurs font traités en Bas-reliefs de marbre, & qu'ils ont tous du mérite. La Chapelle de la croiſée de l'Egliſe à droite, eſt l'une des mieux compoſée de cette Egliſe : Le Bas-relief de Devant d'Autel repréſente ſaint Bruno adorant la croix : il eſt également d'*Orſolino*. Le tableau a pour ſujet, St. Bruno & ſaint Charles Borromée, invoquant la Vierge ; on le dit de *Cerano :* il eſt bon, mais il n'eſt rien de plus.

Le *Tombeau du Fondateur* & de la Ducheſſe ſon épouſe, eſt élevé près de cette Chapelle ; il eſt riche, mais mal compoſé ; pluſieurs parties de détail, font néanmoins bien traitées.

On doit jeter un coup d'œil ſur chacune des autres Chapelles ; elles offrent toutes quelques morceaux qu'il eſt bon de connoître : de préférence la ſixième à droite, décorée d'un Tableau du *Guerchin*, dans lequel il a repréſenté ſaint Paul écrivant, & St. Pierre le faiſant remarquer à la Vierge : ce morceau eſt médiocre pour un tel maître.

On voit dans la cinquième Chapelle à gauche, un *Tableau du Cairo*, généralement eſtimé ; il a pour ſujet le double Mariage des deux ſaintes Cathérine : l'Enfant Jeſus préſente d'une main un Lys à Ste. Cathérine vierge & martyre, & il poſe de l'autre une Couronne d'épines fur la tête de Ste. Cathérine de Sienne, qui lui baife le pied : „ C'eft un bon Tableau, d'une belle cou- „ leur ; la Ste. Cathérine de Sienne a l'air „ d'une pénitente ; l'autre a un profil très- „ joli, fin & mignon : la Vierge eft très- „ belle, & d'une grande nobleffe."

<small>Pavia; Cafa Simonetta.</small>

La vieille & la nouvelle *Sacrifties* font fort décorées, & renferment (on doit s'y attendre) un nombre confidérable de Reliquaires, de Vafes facrés, & d'Ornemens du plus grand prix ; l'Argenterie d'Eglife s'y trouve comme entaffée, & la plupart de très-beaux modèles. Entre les Vafes facrés, on fait remarquer un Calice d'or orné de diamans. Plufieurs ornemens font brodés à l'aiguille par la célèbre *Antonia Peregrina*, dont l'exécution eft d'une beauté furprenante. L'une & l'autre Sacrifties font revêtues d'une fort belle Boiferie, & garnies de Tableaux eftimés.

La *Bibliothèque*, la *Salle du Chapitre*, & fur-tout l'*Appartement du Prieur*, font autant de chofes à voir : nous ne ferons que les indiquer ici. En général, toutes les diftributions de cette maifon font belles & intéreffantes, pour ceux particulièrement qui n'auront point vu les Maifons de ce même ordre à Paris, à Marfeille, à Grenoble, & fur-tout l'infiniment belle Chartreufe de Naples.

Cafa Simonetta; belle & vafte Maifon, fituée à trois milles environ au nord de Milan. Cette habitation eft célèbre par un Echo, qui, *jadis a répété* (dit-on) *jufqu'à* cent fois : des travaux ajoutés depuis à ce bâtiment, & d'autres raisons locales, lui ont fait perdre beaucoup de son ancien mérite ; on distingue mal-aisément aujourd'hui le mot ou le bruit donné, après la vingtième, ou vingt-cinquième répétition : on compte plus loin, en faisant cette expérience par un coup de pistolet. La gradation entre la naissance & la cessation totale du bruit imprimé, est modulée de la manière la plus agréable.

Excursion de Milan aux Isles Borromées, à Cosma, &c., par Castellazzo, & Sesto.

⁂ On n'a point établi de poste sur cette route ; il faut prendre des chevaux de voiturins, & bien convenir de ses faits avec eux. La distance de Milan à Sesto, est de trente-cinq milles : ce chemin est des plus agréable ; toute cette campagne, est (si nous osons nous exprimer ainsi), hérissée d'habitations & de maisons de campagne, toutes plus belles l'une que l'autre.

Le *Château de* CASTELLAZZO, s'annonce avec une grandeur peu commune ; les Jardins sont très-vastes, richement décorés & parfaitement bien entretenus : l'avenue qui conduit du bord du grand chemin au Château, est de toute beauté.

Les Appartemens sont très-noblement meublés. On voit dans une des Salles du rez de chauffée, une *Statue antique* de marbre du grand Pompée ; elle est de proportion héroïque : ce n'est pas un chef-d'œuvre ; mais c'est un bon morceau de sculpture.

Dans une autre Salle, quatre *Bas-reliefs*

auſſi *de marbre*, repréſentant les principales Caſa Laina-
actions de *Gaſton de Foix* (*), &c. Ils fai- te, Seſto.
ſoient ci-devant partie du Mauſolée de ce
héros, érigé dans l'Égliſe de *Sainte-Mar-
the*, à Milan (Voy. ci-devant *page 101*).
Ces Bas-reliefs ont ſouffert, mais ils ſont
encore beaux, & ils approchent beaucoup
de l'antique. On montre quelques autres
morceaux de ſculpture qui ne ſont pas ſans
mérite, mais qui ne peuvent attacher que
ceux qui n'ont point vu la galerie de Florence
& les Palais de Rome.

On paſſe enſuite ſous les murs des Jardins
de la *Caſa Lainate*; autre très-belle Maiſon
de campagne. A partir d'ici juſqu'à Seſto,
le chemin, ſans ceſſer d'être beau, devient
moins agréable; la campagne eſt auſſi moins
riche, le ſol eſt plus aride & montueux.

Le *Village de* SESTO (**), eſt conſidéra-

―――――――――――――――――――

(*) ,, Il étoit neveu de *Louis XII*, & gouver-
,, neur de Milan; il fût tué en 1512, après avoir
,, gagné la *bataille de Ravenne*, & remporté ſur
,, les ennemis de la France d'autres avantages qui
,, le firent regarder comme un des plus grands
,, Capitaines de ſon temps : il n'avoit alors que
,, 24 ans.

(**) Il faudra faire partir d'ici ſa voiture pour Avis utile.
Laveno, où l'on devra ſe rendre en quittant les Iſles;
mais nous avertiſſons que ce chemin eſt rude & même
aſſez difficile. Le meilleur parti, le moins coûteux,
& le plus expéditif, eſt celui de ſe rendre directement
de Milan à Laveno; d'où l'on viſite enſuite le plus
facilement & ſans danger les Iſles. L'embarquement

Café Lainate, Sesto. ble, il est situé sur la rive gauche du *Tessin*, à environ un mille de sa sortie du *Lac Major*.

Avis utile. On trouve ici des Barques toujours prêtes, pour se rendre aux *Isles Borromées*, & la concurrence amène les bateliers à un prix raisonnable (*). Il faut, 1° faire choix de la Barque la plus large & la plus solide, parce que la navigation sur ce lac, n'est pas toujours agréable (les coups de vents y sont même fréquens & dangereux; nous parlons d'après l'expérience); & faire prix pour quatre rameurs : 2° retenir pour tout le jour la barque à son service, & convenir que l'on s'arrêtera, à Arona; à l'Isola Bella; l'Isola Madre, & que l'on ira à Laveno. Il ne faut pas moins de huit grandes heures, pour se rendre de Sesto (**) aux Isles même avec vent favorable.

à Sesto, ne peut convenir qu'à ceux qui veulent jouir de la vue de la plus grande partie du lac, & qui ont une belle passion pour les voyages par eau.

(*) Ils ne craignent point de demander trois & quatre *zéquins*; le prix ordinaire, & où ils se tiennent, est de *douze à quinze livres de France* : dix-huit livres de France est le prix commun pour une barque à quatre rameurs : ils ont souvent beaucoup de peine.

(**) L'Auberge de Sesto, n'est point mauvaise; on fera bien de s'y approvisionner de vivres (si l'on n'a pas pris cette précaution de Milan), l'Auberge de *Laveno*, étant habituellement mal avituaillée, & en général mauvaise.

Les coteaux & les montagnes qui bordent le LAC MAJOR font affez variés, & néanmoins tout ce découvert eft peu agréable: l'eau du lac, eft de la plus grande limpidité.

La petite *Ville d'Arona* (*), eft fituée à environ fix milles (& fur la gauche à partir) de Sefto, à mi-côte d'une montagne affez élevée. On a profité d'un tertre affez vafte & dont la tête s'avance fur le lac en forme de cap, pour ériger à la mémoire de St. Charles Borromée une *Statue coloffale* faite de cuivre battu, d'environ foixante pieds de hauteur (**), pofée fur un piédeftal, qui en a à peu près quarante d'élévation. Un coup de vent lui a enlevé le Chapeau de Cardinal qui le couvroit; on ne le lui a point rétabli. On ne découvre ce coloffe, que lorfqu'on eft parvenu fur le plateau au centre duquel il eft élevé: Sa proportion étonne d'autant plus vivement alors; mais c'eft le feul fentiment que ce monument fait naître, parce que le travail en

Lac Major, Arona, Statue coloffale de St. Charles Borromée, &c.

_____

(*) ,, *Arona*, en Piémont, avec titre de Prin,, cipauté, appartenant à la maifon. *Borromei*; cé,, lèbre pour avoir vu naître dans le Château,, Saint-Charles, &c. *Sa Majefté Sarde*, entretient,, une petite garnifon dans une forte de fort conf,, truit au-deffus de la ville; ce pofte commande,, une partie du Lac.

(**) L'Hercule en bronze qui couronne la cafcade de parc de *Heffe-Caffel*, eft le feul monument de ce genre, comparable par fa proportion à celui-ci; mais il lui eft bien fupérieur, quant à l'exécution.

Lac Major, Isles Borromées, Isola Bella. est sec, peu coulant, peu agréable : Vue du lac, cette Statue a plus d'avantage; elle fait même un bon effet.

Du pied d'Aróna, au bord oriental du lac, c'est à dire à la rive opposée, on compte à peu près six milles de distance; cette largeur augmente ensuite de moitié, ce qui donne la plus grande étendue de ce bassin, dans ce sens : Sa plus grande longueur, à partir de Sesto, jusqu'au pied des montagnes frontières du Milanois & de la Suisse, est d'environ vingt-cinq milles.

La première des Isles que l'on apperçoit en voguant sur le lac (en le remontant d'Arona vers sa source), est l'*Isola Madre*, située à peu de distance de la rive droite du lac; nous parlerons plus bas de cette Isle : Ce n'est qu'après avoir doublé un dernier cap, qui change ici la direction d'abord assez droite de ce beau lac, que l'ISOLA BELLA, se découvre avec toute sa magnificence. Des terrasses ornées d'une riche verdure, s'élèvent l'une sur l'autre à une assez grande hauteur : la dernière est couronnée, par une décoration d'architecture, mais d'une composition médiocre, dans laquelle on a fait entrer nombre de petits Obélisques, de Vases, & une multitude de mauvaises petites Figures : le Cheval Pégaze couronne cet édifice (*). Toute cette masse intercepte la

---

(*) Le côté opposé (celui conséquemment qui fait face au Château) donne une décoration, que l'on appelle sur les lieux, *le Grand Théâtre*; elle

vue du Château ; il semble qu'une disposi- Lac Major,
Château,
Jardins.
tion contraire eût été préférable.

Le *Château* devoit être très-vaste ; mais ce n'est après tout qu'une carrière de pierre : il n'y a qu'un peu plus de la moitié de terminé ; le caractère en est lourd, monotone & de peu d'effet : c'est au total un bâtiment médiocre.

Les *Jardins* sont plus ingénieusement pensés ; il étoit difficile de tirer un meilleur parti du terrain. On y a rassemblé avec la plus agréable profusion les Cédras, les Limoniers, les Orangers, les Grenadiers, &c. ils y sont employés sous une infinité de formes : en berceaux, en quinconces, en bosquets, &c. Il ne faut pas se persuader, que toutes ces productions, quoique plantées en pleine terre, y restent toute l'année sans abris : on a disposé par-tout des chassis qui les enveloppent de toutes parts ; ces chassis sont légers, commodes, closent très-bien, & doivent être d'un entretien fort dispendieux : on y fait circuler dans les grands froids une chaleur artificielle. D'ailleurs la température de cette isle, doit être assez douce ; sa situation (vers l'une des culées du lac, qui se trouve en cet endroit resserré par les hautes montagnes qui circonscrivent son bassin) lui procure cet avantage.

C'est le contraste frappant de la riche verdure, & des productions brillantes qui

porte tout le caractère du Mont Parnasse : Dans les premiers temps de sa construction, elle a dû faire un très-bel effet.

Lac Major, Château, Jardins.

embelliffent cette Ifle, avec l'aridité & les neiges prefque éternelles qui bordent fon horizon (*), qui font le plus grand mérite de ce beau Tableau. L'Ifle-Belle, n'a guères plus d'un mille de circonférence.

Nous devons ajouter que les eaux y font dans une grande abondance ; elles s'y reproduifent fous toutes les formes : Cafcades, jets d'eau, bouillons, efcopeterie, &c.

Les Salles du rez de chauffée (celles particulièrement deftinées, contre les plus grandes chaleurs), font très-ingénieufement décorées en rocailles, & diftribuées avec goût.

Nous ne dirons rien des appartemens fupérieurs ; nous n'y avons rien vu de remarquable : On y trouve quelques bonnes copies de plufieurs des principaux Tableaux d'Italie ; tels que la *Madonna della Sedia*, du Palais Pitti de Florence ; la Magdelaine du Guide ; la même Ste. par le Parmegianino ; encore une Magdelaine d'après le Correggio, &c.

Plus avant dans le lac, on apperçoit la *troifiéme Ifle:* celle-ci eft uniquement mife en valeur, & n'offre rien qui y appelle les curieux ; elle eft la plus vafte ; & l'Églife qui y eft élevée, eft la paroiffe des deux autres.

―――――――――――

(*) On y remarque une gradation de l'effet le plus pittorefque. Un tiers de ces hautes montagnes eft mis en culture ; le fecond tiers eft couvert de bois : le refte préfente des maffes énormes de rochers dont le fommet perce prefque toujours les nues.

De *l'Isola Bella*, on passe à l'ISOLA MADRE, distante d'un peu plus d'un mille, située vers l'autre bord du lac, & alors à la gauche en voguant de l'Isola Bella, pour se rendre à *Laveno*. Cette seconde Isle, est à peu près le double plus vaste que la première, elle est aussi plus élevée : elle s'annonce avec noblesse. Les terrasses sont bien distribuées, bien profilées ; elles laissent dominer le bâtiment, tenu d'une décoration fort simple, mais d'un effet gracieux : Cette maison, qui n'est pas d'un grand vaste, réunit cependant tout ce qui peut rendre ce séjour le plus agréable : Salon de compagnie; Salon de musique ; Bibliothèque ; Salle de spectacle, &c. (*)

Cette seconde Isle, naturellement moins abritée que la précédente, plus agreste; est aussi moins riche en productions rares ou recherchées; au reste la nature moins tourmentée, moins forcée que dans l'autre, y est aussi plus simple & plus agréable : Le petit bois qui borde le rivage est délicieux.

Le *Bourg de* LAVENO, est situé, comme nous l'avons précédemment fait observer, sur la rive droite du lac (à partir de *Sesto*)

Lac Major, Isola Madre, Laveno.

─────────────

(*) M. le Comte *Charles Borromée*, paroît depuis quelques années y fixer sa résidence ; il y vit en philosophe aimable, chéri de ses vassaux, & estimé de tous ceux qui peuvent le connoître : Les voyageurs attirés par la réputation de ce séjour de *Fées*, sont sûrs d'éprouver de sa part, tous les égards, toutes les honnêtetés possibles.

au fond d'une espèce de petite baye. Ce Bourg est peu considérable par lui-même : il s'y tient cependant deux fois chaque semaine, un Marché de grains, qui est, dit-on, d'un objet considérable (*).

Route de Milan à Berne, par le Mont St. Gothard.

Lugano.

LA route de Milan à Lucerne & Berne, par le Mont Saint Gothard, n'est praticable qu'à cheval ; il est prudent même de ne l'entreprendre, qu'après la plus grande fonte des neiges ; & l'on devra préférer pour monture les chevaux du pays, à ceux que l'on pourroit avoir à soi. L'on s'assurera d'un guide fidelle & instruit avant de quitter Milan ; afin de n'être pas dans la nécessité de faire ce choix au hazard, lorsqu'on sera arrivé à *Laveno*.

On compte de Laveno à Lugano, huit petites heures de marche. Le chemin est par-tout praticable, mais il est quelquefois pénible & même laborieux. Il traverse un assez beau pays, & des forêts uniquement formées de Châtaigniers.

LUGANO (**), est situé sur le bord du lac dont il emprunte le nom : Ce lac est peu considérable, mais le penchant des montagnes qui le circonscrivent, est orné de beaucoup de jolies Maisons de campagne, & le terrain y est par-tout bien cultivé :

(*) Nous suspendons ici, notre retour sur Milan : nous en reprendrons l'itinéraire plus bas.

(**) L'Auberge de *Lugano* est assez propre, &, communément passablement bien approvisionnée.

ce passage offre un tableau fort agréable. Bellizone.

On invite ici les voyageurs à se transporter de l'autre côté du lac, pour y voir leur *Cantina*; cette jolie promenade ne peut guères employer plus d'une heure : Ce sont de vastes souterrains creusés dans la montagne, dans lesquels ils déposent leurs vins : On donne à ces souterrains un mérite rare ; celui de tenir les vins dans une très-grande fraîcheur : Cette fraîcheur est, dit-on, occasionnée, par des vents qui y pénètrent de l'intérieur de la montagne (*), & qui se répandent & circulent à travers ces mêmes souterrains ; on ajoute encore (& voici le merveilleux) ,,, que l'hiver, ce même vent redevient chaud, de très-froid qu'il est dans l'été. En général *Lugano* annonce de l'aisance ; ses habitans paroissent satisfaits & heureux.

Il faut près de six heures de marche, pour se rendre de *Lugano*, à BELLIZONE (**) : le chemin est moins agréable & plus montueux que le précédent ; il est d'ailleurs assez varié, & les amateurs de hautes montagnes, commenceront à trouver ici de quoi alimenter leur goût.

Nous recommandons particulièrement le riche coup d'œil que procure la montagne

---

(*) Nous avons fait observer le même Phénomène à l'article Rome, lorsque nous avons rendu compte des souterrains ou caves, pratiquées sous le *Mont Testcès*.

(**) L'Auberge est supportable & l'on y trouvera de quoi dîner.

Cénèse : Locarno, Giurnico, Airolo.

(dite) *Cénèse :* cette montagne domine la charmante vallée dans laquelle se développe le *Lac de Locarno*, qui n'est (comme l'on sait) qu'une continuation du *Lac Maggior*.

De Bellizone à *Giurnico* (*), le chemin continue de longer & de remonter le *Tessin* à travers une assez belle vallée : On n'employera guères moins de cinq heures pour se rendre de l'une à l'autre station. Le chemin est par-tout très-bon ; une voiture pourroit le tenir.

Il sera difficile de se rendre de Giurnico, à *Airolo*, en moins de six heures de marche, parce que l'on commence à s'élever avec assez de précipitation, sur-tout à partir depuis *Daci Maggior ;* mais l'on peut se reposer à ce dernier endroit situé à moitié chemin : On trouvera dans cette habitation un logement très-propre, & des vivres avec assez d'abondance. Dans ce dernier trajet on continue de remonter le Tessin, qui précipite ici sa course à travers mille ressauts de rochers, avec la plus fougueuse & la plus bruyante agitation. Les Cataractes, les cascades que ces ressauts de rochers produisent, offrent des tableaux on ne peut pas plus imposans, plus fiers, plus pittoresques : ce sont de magnifiques horreurs.

Airolo, est précisément situé au pied du *Mont Saint Gothard*. Si l'on a pris la sage résolution de partir de Giurnico, peu après la pointe du jour, on devra arriver d'as-

---

(*) L'Auberge est mauvaise ; il sera prudent de se précautionner en conséquence.

fez bonne heure à Airolo, pour n'y faire que raffraîchir fes chevaux, gagner le haut de la montagne, & fe rendre à *Urferen*, fitué fur la defcente oppofée. Deux heures fuffifent pour arriver d'Airolo au *Couvent des Capucins*, fitué fur le plateau de la montagne : le chemin qui y conduit, eft paffablement bien pavé ; deux cavaliers peuvent par-tout y marcher de front. Cette montée (il faut l'avouer), eft fouvent très-âpre, très-rude ; mais cependant beaucoup moins qu'on fe le figure communément : on eft d'ailleurs en quelque forte habitué & familiarifé avec cette forte de marche, puifqu'on n'a point ceffé de monter dès l'habitation du Dacio Maggior ; ce qui fait plus de cinq lieues de continuelle Afcenfion.

Mont St. Gothard, *Couvent des* Capucins, Urferen.

On ne doit pas s'attendre que le chemin pratiqué à travers cette haute montagne, conduife le voyageur précifément à fon fommet : La nature a préparé, vers les deux tiers de fa hauteur totale, une gorge, ou longue vallée (décorée fur les lieux du nom pompeux de plaine), à peu près femblable pour la forme, mais moins large & moins longue, à celle dont nous avons donné la defcription, en indiquant le paffage du *Mont Cénis :* comme ce dernier, la *petite Plaine du Mont St. Gothard*, eft par-tout circonfcrite par de hauts rochers inacceffibles, qui, communément reftent d'un hiver à l'autre couverts de neiges. On remarque au milieu de cette petite plaine un lac, que l'on affure être fort poiffonneux.

Le *Couvent des Capucins*, eft un affez

Mont-St. Gothard, Couvent des Capucins, Urseren, Amsteg.

mauvais gîte; ces bonnes gens, font au reste ce qu'ils peuvent; mais il est possible de trouver mieux : ce mieux, est à l'Auberge d'*Urseren*, située à deux petites heures de marche du Couvent des Capucins : mais on devra faire ce jour-là dix heures de marche ; savoir :

De Giurnico, à Airolo. . .   6 heures.
D'Airolo, au Couvent des Capucins.   2
De ce Couvent, à Urseren. .   2
                     Total 10 heures.

Cette première partie de descente, est souvent fort roide, mais elle n'est nulle part dangereuse : en général ce côté-ci de la montagne est moins soigné, moins bien dirigé que celui qui y conduit d'Airolo.

Pour se rendre de Bellizone au Mont Saint-Gothard, on a dû remonter vers la source du Tessin ; dont les réservoirs sont situés à mi-côte de cette montagne célèbre : Ces inépuisables réservoirs, donnent également naissance au *Rhin* & au *Russ*, dont on suit ici la course impétueuse, qui se dirige vers le *Lac de Lucerne*.

Cinq heures d'une continuelle descente (à partir d'Urseren), vous conduisent au petit Village d'*Amsteg*, & ce que (sur les lieux) on appelle les Plaines. Ce chemin n'est pas toujours facile & agréable, mais il est d'un pittoresque qui n'a peut-être rien au monde de semblable : d'immenses torrens d'eaux, se précipitent vers la plaine avec une impétuosité, une fureur & des
                             sifflemens

fifflemens qui en impofent. C'eſt dans ce dernier trajet, que le chemin fait traverſer un Pont, appelé ſur les lieux *Pont du Diable*: Ce pont réunit deux profonds eſcarpemens de rocher. La chute extraordinairement bruyante que ce pont de charpente traverſe; le ſombre ſiniſtre qui ne ceſſe de régner dans cette majeſtueuſe ſolitude.... Tout enfin donne à ce tableau, une empreinte vraiment grande & terrible. {Pont du Diable, Altorff.}

Deux petites heures de marche ſuffiſent pour ſe rendre d'Amſteg à Altorff, capitale, ou chef-lieu, du *Canton d'Uri*: Le chemin qui devient très-bon, ne ceſſe de côtoyer le Ruſs. ALTORFF (*), eſt peu conſidérable; ce Bourg eſt fort agréablement ſitué, bien bâti, les rues y ſont larges & tenues dans une très-grande propreté. L'Hôtel où s'aſſemblent les chefs du Canton & l'*Arſenal*, ſont deux bâtimens ſpacieux & qui ne ſont point ſans mérite. La *Paroiſſe* & les *Couvens de Bénédictins* & *de Capucins*, n'ajoutent pas peu, au ton d'aiſance qui caractériſe ce petit Bourg. La *Fabrique* qui s'y eſt établie pour tailler & polir le criſtal, paroît y proſpérer; c'eſt une des principales curioſités d'Altorff, qui, comme l'on ſait, peut ſe glorifier d'avoir donné

(*) L'Auberge eſt paſſablement bonne, mais nous avertiſſons les Voyageurs qui devront s'y arrêter, de prendre les précautions qu'ils jugeront convenables, afin de ne pas y être auſſi exceſſivement écorchés que nous le fûmes, lorſque nous y paſsâmes.

Lac de Lucerne, *Lucerne.* naissance au fameux Guillaume Tell, regardé comme le fondateur de la liberté de la Suisse.

L'on s'embarque sur le lac, à environ un mille d'Altorff, pour se rendre à *Lucerne:* Cette navigation n'employera pas plus de quatre heures, si le vent n'est point contraire ; elle est un peu monotone, mais quelquefois très-gaye (*).

LUCERNE. Cette Ville est certainement une des plus belles, des plus commerçantes, & conséquemment des plus riches de la Suisse : Elle est comme l'entrepôt de tout ce que l'Helvétie importe & exporte d'Italie, de l'Allemagne, de la France, &c... La preuve la moins équivoque de son aisance, est le très-beau Collège que les Jésuites y possédoient ; car l'on sait que ces bénis Pères, ne *s'agraffoient*, ne faisoient souche, que là, où ils pouvoient faire de meilleures recettes. Lucerne se développe au long du cours du *Russ*, & lors de son point de sortie du lac : Une antique & grosse Tour (ap-

_____

(*) Si l'on a pu partir de grand matin d'Altorff, on aura tout le temps nécessaire pour parcourir Lucerne, pour y dîner, & pour se rendre, si l'on veut, à *Berne* avant la fermeture des Portes. Le chemin qui conduit d'une de ces villes à l'autre, est très-beau, peu montueux, & le pays extraordinairement vivant & peuplé. Si l'on désespéroit d'arriver à Berne avant la fermeture des portes, il faudroit s'arrêter à *Willisau*, ou à *Hutwil*, les deux plus gros endroits qui se trouvent sur la route.

pelée, *Tour de l'eau* (*), donne à ce coin Lucerne. de payſage, lorſqu'on y arrive d'Altorff, un caractère pittoreſque & délicieux.

On conſerve précieuſement dans une des Salles de *l'Hôtel-de-ville* divers Oſſèmens d'un prétendu Géant qui a vécu & eſt décédé, dit-on, dans le voiſinage, & que l'on eſtime avoir eu dix-huit pieds de hauteur. Ce conte ſubſiſte parmi le peuple; mais il ſuffit d'avoir quelques notions d'anatomie, pour ſe convaincre que ces oſſèmens n'ont jamais fait partie d'un corps humain.

Le Nonce Apoſtolique & l'Ambaſſadeur d'Eſpagne, réſident à Lucerne, comme chef-lieu des Cantons Catholiques, ou plutôt, pour s'éviter le déſagrément de la concurrence avec l'Ambaſſadeur de France qui s'eſt fixé à Soleure.

On trouve à Laveno *(& également à* Avis utile. Berne*) des guides & des chevaux pour faire la route dont nous venons de donner l'itinéraire: Les prix varient en raiſon de la ſaiſon, & de la plus ou moins grande rareté des Voyageurs. On paye communément ſix livres de France par jour pour chaque cheval, le guide compris; bien entendu que leur retour leur eſt payé ſur le même pied: moyennant quoi, ils ſe nourriſſent & leurs chevaux. Il s'agit donc, en faiſant ſon marché, de*

(*) Une tradition conſervée à Lucerne, veut que cette Tour ait jadis ſervi de fanal, pour éclairer les Bateaux qui y arrivoient de nuit; elle ſert aujourd'hui de priſon.

convenir du nombre de jours que l'on entendra mettre pour se rendre de ce point de départ à Lucerne, ou plutôt de Laveno jusqu'à Berne; en spécifiant par écrit ou devant témoins, les endroits, jour par jour, où l'on voudra s'arrêter, ou coucher.

Ce n'est pas qu'il seroit difficile de trouver à Lucerne (nous supposons toujours partir de Laveno) des chevaux de louage pour Berne; mais cela fait perdre du temps, & il n'en coûte pas moins, parce que l'usage des postes n'ayant pas lieu en Suisse, les voiturins qui les remplacent, se font tous payer à peu près le même prix, & qu'ils exigent également la même solde pour leur retour.

Quant aux frais de navigation sur le lac; une Barque montée de quatre rameurs, coûte ordinairement depuis douze jusqu'à quinze livres de France: ce prix, nous le répétons, varie selon la saison & diverses circonstances locales.

Reprise de la route de Laveno à Como, & de Como à Milan.

ON compte communément trente-cinq milles de Laveno à Como, en passant par Varèse, qui donne la meilleure route: En général le chemin est un peu rude & montueux, mais les campagnes qu'il traverse, sont fort peuplées, fort agréables; on y voit par-tout du mouvement.

COMO (*). Cette petite Ville est située

(*) La meilleure Auberge est située sur le Port; elle est vaste, proprement meublée, & communément bien approvisionnée: Nous en avons été très-contens.

à la tête du lac, entre des montagnes fort Como. élevées, & en partie cultivées; elle embrasse cette gorge dans toute sa largeur. On y voit quelques jolies maisons, quelques rues larges, alignées, & toutes très-propres; mais aucun édifice assez important pour être indiqué. Il y règne d'ailleurs un assez grand mouvement; & les débouchés de commerce que le lac lui procure, sont plus considérables qu'ils ne paroissent l'être d'abord; le port n'est jamais silencieux & vide: on y voit continuellement arriver & partir des barques chargées de vin, d'huile, de riz, &c. aussi l'aisance se manifeste-t'elle ici de toute part.

L'aspect du *Lac de Como* vu du Port, forme un bien agréable tableau. Ce vaste bassin est enrichi de droite & de gauche d'un nombre considérable de Maisons de campagne bien bâties & ornées avec goût: Le côté gauche sur-tout, comme le mieux situé, est aussi celui qui offre le plus grand nombre de ces charmantes habitations. Une *Promenade publique*, formée d'une double allée d'arbres, & ornée de bancs de pierre, longe le lac, sur un moyen mille de longueur, à la gauche du Port : c'est où se rassemble le beau monde, une heure avant le coucher du soleil. Nous y avons compté onze à douze voitures; la plupart, il est vrai, appartenantes à des familles étrangères qui y viennent passer la belle saison : c'est véritablement un aimable séjour; les vivres y sont abondans, très-bons, & au meilleur compte possible; la société charmante; aussi

Como : Retour sur Milan.

les logemens y font-ils peu communs (*).

On trouve dans ce port de fort jolis Bateaux couverts (dans le goût des Péotes à Venife), à deux, à quatre, à fix rameurs, pour aller prendre le plaifir de la *promenade fur le Lac*; avantage, qu'on ne trouve point fur aucun des autres lacs de la Lombardie & de la Suiffe, fur lefquels on ne fait ufage que de vilains bateaux, peu commodes, & que l'on paye néanmoins affez chers.

Le *Port* eft défendu par une efpéce de *vieux Château*, dans lequel le gouvernement autrichien entretient une petite garnifon.

Outre la pêche, qui eft de la plus grande abondance dans ce lac, il s'y fait un très-gros commerce de bois que l'on fait defcendre pour l'approvifionnement de Milan, &c.

La vue de Como, prife d'un demi-mille en avant fur le lac, eft délicieufe ; c'eft le plus agréable payfage qu'il foit poffible de voir.

*** La route de *Como* à *Milan*, n'eft pas moins fatisfaifante, que celle de Milan à Cefto : Toutes ces campagnes font belles, on regrette feulement de ne les voir pas plus peuplées.

(*) Lors de notre paffage on élevoit fur ce beau quai neuf Maifons d'un affez bon goût; on nous affura qu'elles étoient déjà louées & retenues pour la campagne fuivante ; par autant de Familles Angloifes, fixées dans les environs de Milan.

⁎ ON compte dix postes & demie, (ou quatre-vingt quatorze milles d'Italie) de Milan à Turin; à peu près trente lieues (*) : La route, dans la belle saison, est généralement bonne; *les fréquens passages d'eau* (**), sont les seuls désagrémens qu'on peut lui reprocher.

<small>Route de Milan à Turin, par Novaro & Verceilli.</small>

(*) *Il ne faut pas moins de dix-huit heures de marche (si l'on est un peu chargé) pour faire cette route, même en supposant les relais & les bacs prêts. On entre & l'on sort de Milan quand on veut; mais* Verceil *& sur-tout* Turin, *se ferment rigoureusement : on doit donc s'arranger en conséquence. Les Auberges de* Novaro, Verceil *&* Chiavasco, *sont les seules où l'on puisse s'arrêter; celles établies aux faubourgs de* Turin, *sont détestables; nous en parlons d'après l'expérience. Le plus prudent est de partir avec le jour de* Milan; *les passages d'eau se font alors sans danger, & l'on arrive à heure convenable à* Chiavasco, *& le lendemain on est aux portes ouvrantes à* Turin.

(**) *On passe le* Tessin *en bateau, entre* Bufalora *&* Novaro, *& le* Trepido *à gué, à la distance de trois postes de Milan.*

Entre Novaro, *&* Verceilli, *on passe à gué la* Gogna. — *Verceilli &* San Germano, *on passe à gué la* Sessia. — Chiavasco, *&* Settimo, *on passe à gué la* Dora, *& la* Baltia. *Et entre* Settimo *&* Turin, *on passe à gué la* Malone, *& la* Sture. *Avant, ou après la fonte des neiges, dans les grandes chaleurs, & lorsqu'il y a long-temps qu'il n'a plu, toutes ces rivières ou torrens, donnent alors fort peu d'eau; mais aussi la moindre pluye, le moindre orage, les grossit, au point d'arrêter souvent le voyageur par l'impossibilité, ou le trop de danger qu'il y auroit alors à vouloir les traverser. Lorsque*

<small>Avis intéressant.</small>

Vercelili, Ruines d'Industria.

De Milan à Novaro, l'œil ne cesse point d'embrasser les plus riches, les plus belles campagnes : les bords du Tessin, sont d'une grande beauté, & toute cette partie est très-vivanté.

De NOVARE (petite Ville assez riante & peuplée), à Verceil, on paye une poste & demie : La campagne devient dès-lors plus agreste : la culture du riz (qui est la culture dominante), y répand une monotonie dont l'œil se fatigue : Tout le pays semble être un marais : Cette partie de route, de la mi-Septembre, à la mi-Octobre (temps où se fait ordinairement la récolte), est peu agréable, parce qu'à cette époque, on fait écouler les eaux, & l'odeur du sol de toute cette traversée, est insoutenable, & quelquefois d'une impression dangereuse.

---

nous fîmes cette route, la Gogna *s'étoit tellement accrue en moins de trois ou quatre heures, que l'eau pénétra dans la voiture, inonda la cave & gâta diverses choses qui y étoient placées : deux heures de patience de plus nous auroient évité ce désagrément.*

Les *Ruines d'*INDUSTRIA se voyent près de *Monteu* de l'autre côté du *Pô;* on peut s'y rendre de *Cigliano* (la seconde station après *Verceilli*) ou de *Chiavasco*, lorsqu'on fait route de Turin à Milan, *Monteu* se trouvant à peu près à une égale distance de l'un & de l'autre. Ces ruines ont été découvertes en 1745. On a vu dans le second vol. nombre de morceaux du plus rare mérite, provenant des fouilles faites dans ces ruines : soit qu'elles cessent d'être intéressantes ou non, il paroît que ce travail est au moins suspendu, s'il n'est pas totalement abandonné.

VERCEIL, est l'une des jolies Villes de Piémont; elle a été très-forte : Ses fortifications ne sont qu'en partie relevées : celles du Château, ne sont guères plus formidables : Le roi de Sardaigne entretient dans l'une & dans l'autre, une assez forte garnison. On dit cette ville peuplée de dix-huit à vingt mille ames : Elle est agréablement située; la *Sessia*, baigne une partie de ses murs : Il y règne du mouvement, qui suppose un certain commerce; elle est également distante de Milan & de Turin.

Verceilli: Ruines d'Industria.

Nous n'y avons remarqué aucun édifice essentiellement intéressant. Les habitans prisent beaucoup leur *Cathédrale*, & les *Eglises de Ste. Marie Majeure & de St. André*; à eux permis de les croire autant de merveilles : une, qui seroit véritablement d'un certain prix (si son authenticité ne pouvoit être contestée). C'est un Manuscrit latin, conservé dans le *Trésor de la Cathédrale*, contenant les Evangiles de St. Mathieu & de St. Marc, écrits de la propre main (assure-t-on) de St. Eusèbe, qui vivoit dans le quatrième siècle.

Le Pavé de *Ste. Marie Majeure*, est traité en mosaïque; parmi les Desseins les mieux rendus, on fait remarquer l'histoire de Judith... Pauvre curiosité.

*** La route de *Verceil* (*) à *Turin*, est

―――――――――

(*) *On ne doit point négliger de prendre ici un Bulletin de Poste; il est délivré* (gratis) *par le Commandant : les Maîtres des Postes ne peuvent fournir*

Avis utile.

F v

continuellement coupée, par de petits &
moyens torrens & par les rivières que
nous avons indiquées en notes : Le chemin
d'ailleurs eſt bon ; les campagnes belles,
fertiles, mais peu peuplées : Les approches
de Turin ſont très-belles.

Voyez la Deſcription de Turin, ſecond
volume.

LE Voyageur le plus indifférent, ceſſe de
l'être en quittant l'Italie : La beauté du
climat, ſa brillante fécondité, l'heureuſe
variété de ſes payſages toujours neufs, toujours intéreſſans, doivent néceſſairement
opérer ſur ſon ame & y faire naître, du
moins, quelque ſenſation. Combien donc
l'homme de goût doit-il, lui, la regretter !..
En effet, tout ſemble ſe réunir dans cette
partie du globe, pour lui aſſurer la prépondérance ſur toutes les autres ; la nature
s'y montre dans toute ſa pompe & ſa magnificence !.. Les phénomènes paroiſſent s'y
multiplier ; ailleurs ils parlent ; ici ils mu-
giſſent, ils tonnent, ils ſe manifeſtent enfin
dans la plus impoſante majeſté.

---

des chevaux, que ſur le vu de ce Bulletin, cette opé-
ration cauſe d'ailleurs peu de retard. Arrivé à Tu-
rin, ce bulletin eſt remis par le Poſtillon, à la Di-
rection de la Poſte ; où l'on vous en réexpédie un
autre pour la route que vous indiquez vouloir prendre.

L'Auberge des trois Rois, eſt paſſable & c'eſt la
meilleure de la Ville.

Si les arts, en général, ne doivent pas à l'Italie leur naissance, au moins s'y sont-ils tellement naturalisés, qu'ils y semblent plus appartenir qu'ailleurs. Les chef-d'œuvres dans beaucoup de genres, y sont (qu'on nous passe cette expression) comme amoncelés, entassés, accumulés (*).

Les Grecs (nos maîtres dans presque toutes les productions du génie), y reçoivent, après une révolution de vingt siècles, le tribut d'admiration dû à leur étonnante supériorité. Quelle main barbare se refuseroit de répandre des fleurs, sur une infinité de morceaux célèbres, échappés à la fureur des volcans, & à celle, plus destructive encore, de ces hommes cruels & forcenés, qui dévastèrent comme à l'envi durant tant de siècles, cette belle partie du monde.

Nous plaignons dans toute la plénitude de notre cœur, l'être, quel qu'il soit, qui n'a pas éprouvé dans le sien, cette émotion douce, mais pénétrante, que doit produire la vue de ces premiers chef-d'œuvres!... Plus heureux, nous nous les rappelons toujours avec un nouveau

___

(*) Le goût des arts, s'est véritablement très-accru, très-répandu en Europe; il est, nous le savons, une infinité de Cabinets précieux; mais aucune ville, disons plus, aucun souverain ne trouveroit dans sa domination, autant de beaux morceaux de peinture, de sculpture, d'architecture, que dans Rome, Florence, Naples, Gênes & Bologne, &c. &c.

plaisir. Voulons-nous, nous peindre la beauté parée de toutes les grâces, la *Vénus de Médicis*, est d'abord notre modèle.

Nous avons vu dans les Lutteurs, la plus belle nature, & ce que peut la force, jointe à l'adresse.

Dans l'*Arrotino*; l'expression de la plus ardente curiosité.

Dans l'Apollon du Belvédère; un caractère plus qu'humain, fait pour étonner, pour soumettre.

Dans le Laocoon; le sentiment d'une douleur paternelle, & le courage d'une ame supérieure à ses souffrances propres.

Dans le Gladiateur combattant (de la Villa Borghese), toute la fierté que donne la certitude de vaincre.

Dans l'Hercule, du Palais Farnese; la force, l'élégance & les grâces.

Enfin, dans l'infiniment beau Moïse de Michel-Ange; une sublimité pénétrante, un caractère qui tient de la divinité. Nous nous arrêtons; cet examen nous conduiroit trop loin. Au reste, si le pays que nous allons parcourir, ne présente point à la vue des plaines vastes & délicieuses, des édifices somptueux & recherchés : l'horizon plus borné, va nous offrir des Tableaux souvent agrestes (quelquefois même tristes & stériles), mais néanmoins variés, cultivés, peuplés; & les cabanes d'un peuple véritablement heureux, ont plus de droits de plaire aux yeux de l'homme sensible, que les palais & les lambris dorés, trop souvent l'asyle du vice, de l'infirmité, & de l'ennui.

Route de *Turin* (*) à *Genève*; voyez le deuxième volume.

Description de *Genève* (**); dito.

Route de Turin à Berne, par Genève.

Verſoy, Nion, Rolle, Morges.

Nous avons ci-devant donné (*premier volume*), un court itinéraire de la route de *Lauſanne à Genève* (***), à notre retour des Glacières du Faucigny; mais comme nous ne ſuivîmes point alors le chemin le plus direct, nous allons ré-offrir ici un précis de cette route.

Le chemin longe, ſans preſque d'interruption, la rive droite du lac; il eſt partout très-bon, & il en eſt peu d'auſſi peuplé, & qui offrent des points de vues plus riches, plus agréables.

On traverſe d'abord, le triſte petit Bourg de *Verſoy*; & les Villes de NION; de ROLLE (****); de MORGES (*****);

(*) Nous avons prévenu (*voy. Ier. vol.*) qu'il étoit néceſſaire de faire prendre au bureau de la Régie des Poſtes, un *Bulletin* pour la route que l'on ſe propoſe de tenir; nous répétons ici, le même avis.

(**) Nous avons également fait obſerver (*même vol.*) qu'il n'y avoit point de poſtes établies à partir de *Genève*, non plus que ſur aucune des routes de la *Suiſſe*; nous réitérons le même avertiſſement, & nous renvoyons pour le ſurplus, à la note indiquée ci-deſſus.

(***) Il ne faut pas moins de huit fortes heures de marche pour faire ce trajet: on doit s'arranger en conſéquence.

(****) A la *Tête noire*, bonne Auberge.

(*****) Au *grand Cerf*, bonne Auberge.

Lausanne : toutes trois situées sur le bord du lac, que
Mont-Jura, l'on quitte à quelques milles plus haut, pour
Moudon. se rendre à LAUZANNE (*), située, comme nous l'avons déjà dit, sur une éminence & plus avant dans les terres. Nous renvoyons pour ces derniers articles, au premier volume de l'ouvrage.

*** On *compte de Lausanne à Berne seize heures de marche :* on trouve difficilement des voiturins qui veulent s'engager à s'y rendre en un jour: ils couchent ordinairement à Avanches, & ils arrivent le lendemain (troisième jour de leur départ de Genève) avant midi à Berne.

Le chemin de Lausanne à Avanches est soigné; les terrains qu'il parcourt, offrent une belle culture & de fréquens établissemens. Les voiturins employent communément neuf heures de marche pour faire cette route. On traverse entre Lausanne & Moudon, le *Mont Jura :* cette portion de chemin, est naturellement un peu rude ; mais elle est d'ailleurs traitée avec beaucoup d'art, & il étoit difficile de rendre ce passage meilleur : on peut, en montant comme en descendant, rester dans sa voiture.

MOUDON (**); l'une des principales Villes du pays de Vaud ; elle est peu con-

---

(*) Au *Renard noir*, très-bonne Auberge.
(**) Au *grand Cerf*, bonne Auberge.

fidérable ; mais on y remarque ce ton d'ai- Payerne:
fance & de propreté, qui caractérife ef- Avanches.
fentiellement toute la Suiffe.

PAYERNE ; petite Ville du Canton de
Berne : les environs en font délicieux, &
de la plus heureufe fertilité.

AVANCHES (*) ; autre petite Ville
du même Canton, un peu plus confidérable
que la précédente, mais moins agréablement
fituée. On a récemment recueilli, quelques
portions de Mofaïque; divers fragmens d'Infcriptions ; plufieurs Infcriptions entières
(**) ; des Médailles, &c... toutes chofes
qui dépofent de la haute antiquité de cette
Ville. On peut remarquer dans les maté-
riaux, employés à la conftruction de l'E-
glife, nombre de tronçons de colonnes,
des portions de bafes, de chapiteaux, de
frifes ; & autres débris de marbre (dont le
travail n'eft pas fans mérite) & qui provien-
nent vifiblement de plufieurs grands édifices.

Il exifte encore des ruines confidérables
d'un *Tombeau antique*, fitué à une portée
de carabine des dernières Maifons de la Ville, à droite, & fur le bord du chemin qui
conduit à Morat.

⁎ Le chemin d'*Avanche*, à *Berne*, ne

(*) A la *Couronne*, bonne Auberge.
(**) Plufieurs de ces Infcriptions, font placées dans l'intérieur de l'Eglife : on indique fur
les lieux les particuliers qui ont le refte.

Avanches: *diverses antiquités*, Morat.

satisfait pas moins que le précédent ; particulièrement jufqu'à *Morat*. Un peu avant que d'y arriver, on paffe à côté d'un *Offuaire*, ou Chapelle, autrefois toute remplie d'offemens des Bourguignons qui périrent au fiége & à la célèbre bataille de 1476. Cet *Offuaire*, a été renouvellé depuis peu : on y a rétabli les anciennes Infcriptions Allemandes, & on en a ajouté de nouvelles en langue latine.

Les Offemens qui s'y voyent encore, indiquent des corps de la plus haute ftature ; on y remarque nombre de Têtes de la plus belle confervation ; nous en avons mefuré plufieurs qui avoient depuis douze, jufqu'à quinze pouces de diamètre, dans le grand ovale : L'épaiffeur des crânes portoit encore au delà de fept lignes.

MORAT (*) ; Ville d'une grandeur médiocre, mais dont les environs font rians & très-riches. Le *Lac* fur lequel elle eft fituée, a deux lieues à peu près de longueur, fur environ moitié moins de largeur : il eft, comme le font tous les lacs de la Suiffe, très-poiffonneux ; il communique avec celui de Neufchâtel, par la petite rivière appelée *la Broye*.

(*) „ Cette Ville eft fameufe dans l'hiftoire
„ Suiffe, par le fiége qu'elle foutint en 1476,
„ contre *Charles le Hardi*, dernier Duc de Bour-
„ gogne. Ce fiége fut fuivi de cette célèbre ba-
„ taille, où les Suiffes triomphèrent & mirent
„ l'armée du Duc dans la déroute la plus com-
„ plette."

Il s'eſt formé à Morat une *Manufacture* Berne. conſidérable *d'Indiennes ou de Toiles peintes*, d'une beauté ſupérieure, pour la fineſſe & le goût des deſſeins : Elle occupe, dit-on, au delà de huit cents ouvriers.

BERNE (*); l'une des Villes les mieux bâties de la Suiſſe, mais non la plus agréablement ſituée : la péninſule ſur laquelle elle ſe développe, eſt baignée par la riviére de l'*Aar*. Elle paroîtra peu conſidérable, relativement au vaſte pays dont elle eſt la capitale (**); beaucoup de ſes rues ſont larges & parfaitement alignées; il règne dans toutes des arcades (***) ou trottoirs couverts, ſous leſquels ſont diſtribuées des Boutiques : pluſieurs quartiers ſont très-marchands, très-vivans, & l'on remarque dans les autres, un ton d'aiſance qui perce par-tout. Un ruiſſeau abondant & d'une belle eau, coule au milieu de tou-

---

(*) Au *Faucon*; à la *Coaronne*; deux bonnes Auberges.

(**) Quoique le Canton de Berne, ne ſoit que le ſecond dans le rang que les Cantons tiennent entr'eux, il eſt cependant le plus riche, le plus peuplé, & ſa domination eſt également plus étendue; on prétend qu'il pourroit mettre lui ſeul ſur pied juſqu'à 80 mille hommes.

(***) Il eſt dommage qu'on n'aſſujettiſſe point les propriétaires des maiſons à bâtir uniformément ces arcades ... cette irrégularité (qu'il ſeroit ſi facile de réparer), eſt de l'effet le plus déſagréable.

Berne :
*Grande
Eglife,
Terraffe,
Bibliothè-
que.*

tes les rues, indépendamment des fontaines qui jailliflent de toutes parts : elles n'ont d'ailleurs pour elles, que leur utilité, & aucune ne mérite d'être citée, quant au goût de la décoration qui les caractérife. Les Places publiques, n'offrent rien non plus de remarquable ; plufieurs font utilement percées ; c'eft leur feul mérite.

La *grande Eglife*, eft d'un très-beau gothique : Nous connoiffons peu d'Edifices de ce genre d'une conftruction plus fière & d'un meilleur effet.

La *Terraffe* qui eft attenante, donne une promenade très-foignée, & infiniment agréable ; elle domine fur une partie de la baffe ville ; fur le cours de la rivière de l'Aar ; fur des campagnes richement cultivées & ornées d'une multitude de maifons de plaifance ; enfin, fur une chaîne de hautes montagnes qui circonfcrivent ce vafte & beau baffin : Cette terraffe, haute de plus de quatre-vingts pieds, eft indiquée comme une des curiofités de la ville, & véritablement, la hardieffe de fa conftruction, mérite des éloges ; c'eft un grand & bel ouvrage. On compte encore à Berne plufieurs autres Promenades, mais elles font moins vaftes, moins ornées, moins fréquentées que celle-ci.

On doit voir la *Bibliothèque :* le vaiffeau dans lequel elle eft placée eft médiocre ; mais on fait un grand cas des Livres & des Manufcrits qui y font raffemblés. On y remarquera quelques Antiques en marbre & en bronze, qui ont du mérite, & diverfes autres curiosités ; mais elles attacheront peu ceux qui auront visité les riches Collections de Rome, de Florence, de Naples, &c. Elles méritent néanmoins d'être vues.

L'*Arsenal* est très-beau ; on assure sur les lieux qu'il peut armer soixante mille hommes... il est parfaitement bien entretenu, & fort orné. On y fait remarquer la représentation au naturel des principaux Héros Suisses: celles du célèbre *Guilleaume Tell* & de son fils, tiennent le premier rang : On y montre grand nombre d'Armes & de Trophées, prises sur les ennemis à la fameuse Bataille de Morat & dans d'autres occasions.

Berne est fortifiée, & regardée dans le pays, comme une place très-forte.

Les amateurs des régions sauvages & glacées, & dans lesquelles la nature présente, ce qu'ils appellent *de belles horreurs*, ne manquent guères de parcourir, les Monts & Vallées de glaces du *Grindelwald* ; du *Jungfrau* ; du *Mettenberg* ; du *Schreckhorn*, &c. Ceux qui ont vu les Glaciers du Faucigny, pourroient, à la rigueur, se dispenser de venir se morfondre sur ceux-ci ; car, assurément, ils offrent entr'eux assez peu de différence : les premiers, ont même, selon nous, un caractère plus agreste, plus imposant, plus terrible : au reste, nous laissons ici aux amateurs toute liberté de prononcer à cet égard.

Excursion dans les environs de Berne.

Mais sans inviter expressément à cette recherche, nous conseillons du moins de la

Langnau. rendre commune avec celle du *Staubbach*, célèbre chute d'eau, peu éloignée du *Grindelwald*; l'une des plus élevées de l'Europe : Nous conseillerions encore de visiter, dans la même excursion, la demeure du fameux *Michel Schoubach*; mort l'année dernière; la montagne qu'il habitoit est, sans contredit, agréable, & plus intéressante à voir que toutes les glaces du monde.

On peut se rendre d'abord de Berne à *Langnau* (*) (résidence du *Médecin de la Montagne*); le chemin est très-beau : la distance est de six petites lieues.

De *Langnau* à *Thun*; l'éloignement est à peu près le même que le précédent; mais le chemin, quoique bon, est beaucoup moins plat. Ceux qui n'avoient pas la dévotion de voir le *Médecin*, se portoient directement de Berne à Thun, distant de six lieues; ce chemin est, on ne peut pas plus agréable.

Reprenons notre itinéraire, à partir de *Langnau*. Ce village est situé dans un vallon aussi riche qu'agréable : on n'y comptoit

---

Avis utile. (*) *Il est essentiel de s'assurer à Berne, d'un interprète intelligent & qui ait déjà fait cette route; il est bon encore de s'assurer de même de chevaux pour ces différentes courses: on en trouve véritablement sur les lieux, mais outre qu'il y a moins de choix à faire, on les fait payer plus cher.*

On peut se rendre de Berne à Langnau; de Berne à Thun, ou de Langnau à Thun, en voiture: on doit la quitter ici, pour la reprendre lors de son retour à Berne.

pas, il y a vingt ans, la moitié des mai- *Langnau:*
sons qui l'embellissent aujourd'hui: la ré- *Résidence du*
putation du célèbre *Michel Schoubach*, en *Médecin Suisse.*
y attirant nombre de voyageurs & de ma-
lades, y a répandu nécessairement une aisance, même une richesse qu'il est facile
d'appercevoir. On y trouve plusieurs vastes
Auberges, & quelques Maisons propres à
recevoir les malades ou les curieux qui veulent y faire un certain séjour.

La maison du Docteur, est construite
à mi-côte de la montagne; les gens de pieds y
parviennent par une montée dont on a tâché
d'adoucir la roideur, & sur les paliers de laquelle on a placé des Bancs pour reprendre haleine : On peut d'ailleurs y monter
à cheval, mais aucune espèce de Voiture
ne pourroit s'y rendre. Cette Maison est simple, peu vaste, mais propre, commode &
honnêtement meublée : ce Docteur avoit
tiré tout le parti possible de son terrain pour
l'enjoliver, le décorer, & se procurer
en même temps autour de lui de petites
promenades champêtres, & des points de
vue agréables. Un peu au-dessus de sa maison, il en a construit deux autres ; l'une
lui servoit de laboratoire pour la composition de ses élixirs & médicamens ; dans
l'autre sont pratiqués plusieurs appartemens,
pour les malades qui vouloient être plus
particulièrement sous ses yeux & profiter
mieux de ses lumières : ces logemens étoient
rares & toujours retenus long-temps d'avance.

Si l'on avoit voulu juger de cet homme
singulier par son extérieur, ce premier sen-

Langnau: Résidence du Médecin de la Montagne.

timent lui auroit été peu favorable. A l'époque où nous l'avons vu, il annonçoit environ soixante-dix ans; sa taille étoit médiocre; en revanche son embonpoint, des plus volumineux: sa physionomie intéressante; c'étoit celle d'un beau vieillard: on remarquoit dans ses yeux un feu & une vivacité que l'on avoit quelque peine à soutenir.

Il ne savoit & il ne parloit que la langue allemande: son gendre (Chirurgien de profession & auquel on accorde du mérite) lui servoit d'interprète (pour les françois seulement) vis à vis des étrangers que la curiosité ou leur maladie conduisoient à Langnau. L'Epouse du Docteur, rendoit également près de lui le même service (aussi dans la langue françoise) aux Dames qui se présentoient pour consulter, & qui se feroient fait scrupule de s'expliquer avec le Chirurgien.

On raconte sur les lieux, & même fort loin de la Suisse, tant de cures opérées par cet homme extraordinaire, qu'il falloit bien que sa science eût quelque réalité. Il avoit originairement exercé avec succès la chirurgie; on le disoit grand anatomiste, bon chimiste, & botaniste supérieur. Sa constante application dans la recherche & la propriété des simples, lui avoit donné des connoissances à cet égard que journellement il justifioit par des guérisons les plus surprenantes. Si quelque chose pouvoit altérer la haute réputation dont il jouissoit, c'étoit la base sur laquelle il avoit établi son premier jugement, qui motivoit fa confultation, & régloit les ordonnances qu'il propofoit d'après ces principes : en effet, la fcience des urines, n'a été ni adoptée, ni enfeignée, ni même indiquée par aucun des médecins célèbres ; toutes les écoles au contraire, l'ont conftamment rejetée ; & regardée comme pour charlatanifme ; & le fentiment des anciens, comme des modernes, eft, à cet égard entièrement uniforme ; cependant cet homme-ci a étonné par la véracité de fes jugemens : voici comme il opéroit.

Langnau: Réfidence du Médecin de la Montagne.

Les malades, ou les curieux l'abordoient avec de leur urine à la main (*) ; il l'examinoit dès-lors avec foin, il écrivoit les fignes ou fymptômes des maladies qu'il croyoit y remarquer, & enfuite fon interprète (fi l'on ignoroit fa langue) traduifoit ou expliquoit fon fentiment. Un fi grand nombre de perfonnes atteftent qu'il leur a accufé non feulement la maladie dont elles étoient attaquées, ou celles dont elles avoient été précédemment affligées ; ou fimplement les incommodités auxquelles elles étoient le plus fujettes.... qu'il feroit difficile de combattre avec avantage l'infaillibilité du célèbre Médecin de la montagne. Nous ajouterons que cet homme étoit réellement vénéré de tout fon voifinage, & que fa bienfaifance lui faifoit répandre une infinité de biens fur

---

(*) Il exigeoit au préalable que le confultant infcrivît (ou fît infcrire) fur un regiftre qu'il préfentoit à cet effet ; fon nom, fon âge, fon état, & le lieu de fa naiffance.

Langnau :
Résidence du
Médecin de
la Montagne, &
route de
Thun, au
Val de Lauterbrunn.

les malheureux; il secouroit ceux-ci de ses lumières & de sa bourse.

Indépendamment des malades (des deux sexes), qui venoient se fixer quelque temps à *Langnau*, avec l'espérance de guérir; il y abordoit fréquemment nombre d'étrangers & de personnes domiciliées dans les villes & campagnes voisines: les premiers y venoient satisfaire leur curiosité; les autres pour y jouir d'une société peu nombreuse, mais communément bien choisie. La table du Docteur, n'étoit ni somptueuse, ni recherchée; mais saine & abondante; ses pensionnaires s'en louent beaucoup, ainsi que de son désintéressement: les étrangers lui doivent le même éloge. *Il étoit d'usage* que ceux-ci lui donnassent un petit écu pour chaque repas qu'ils jugeoient à propos d'y prendre; c'étoit à l'épouse du Docteur à laquelle on remettoit cette rétribution.

Nous avons dit précédemment que le chemin de *Langnau* à *Thun*, étoit non seulement bon, mais même très-praticable pour les voitures; & nous avons également observé que Thun étoit à peu près à égale distance de Berne (*) & de Langnau; ainsi soit que l'on parte de l'un ou de l'autre endroit avec le dessein de se porter au Val
de

(*) Le chemin de Berne à Thun, étant moins sinueux & plus plat, prend conséquemment moins de temps : on peut compter sur environ trois quarts d'heure de différence.

de *Lauterbrunn*, & du *Grindelwald*, il con-
viendra (ſi l'on veut perdre le moins de temps
poſſible) de ſe mettre en route de bonne
heure pour ſe rendre à Thun (*).

L'objet de cette courſe, eſt de voir,
1° la célèbre *Chute d'eau* du *Staubbach*
(ſituée dans le Val de Lauterbrunn) & partie des Monts & Vallées de Glaces qui terminent cette Vallée : 2° les *Glaciers du
Grindelwald* (**).

„ La petite *Ville & le Château de* THUN,

―――――――――――――――

(*) Il ſeroit bon même d'envoyer en avant
quelqu'un à Thun (ſi l'on ne ſe propoſe point
d'y dîner), pour s'aſſurer & faire préparer une
couple de bateaux (ſi l'on a ſes chevaux avec
ſoi) ; de manière à pouvoir s'embarquer auſſi-tôt.

On donne communément ſix livres tournois pour
un *Bateau à trois rameurs :* on en trouve de couverts & très-propres.

(**) Voici les diſtances de ces objets entr'eux.
De Berne (ou de Langnau) à Thun, ſix petites
lieues ; il ne faut que quatre heures au plus pour
les faire.

La navigation du Lac de Thun, prend à peu
près le même temps, à moins que le vent ne ſoit
fort, & conſtamment contraire.

De *Maiſon-Neuve*, lieu du débarquement, à
Unterſeen, une demi-lieue.

Enfin d'*Unterſeen* à *Lauterbrunn* ; quatre fortes lieues : en total, depuis Berne (ou Langnau), onze lieues & demie ; dont cinq, à peu
près, ſe font ſur le lac. Il eſt donc facile de
faire cette courſe en un jour, ſi l'on ne s'arrête
point trop long-temps à Thun.

Tome IV.   G

Navigation sur le Lac de Thun, Grotte de St. Beat.

font dans une des situations les plus heureuses de la Suisse : près d'un bassin charmant, que forme un lac entouré de montagnes en amphithéatre, au-dessus desquelles se montrent les pointes des Alpes toujours couvertes de neige. On donne au lac cinq lieues de longueur, sur une de largeur. Ses bords offrent de droite & de gauche nombre de Villages, d'Habitations & de Maisons de campagne très-agréables. On voit sur la droite (en partant de Thun), vers le premier tiers environ de la longueur du lac, un Pont de bois, fort estimé dans le pays pour la hardiesse de sa construction : il est d'une seule arche & donne passage au torrent du *Kander*.

Un peu plus en avant, sur la gauche on doit doubler un cap assez élevé, dans l'enfoncement duquel est une Caverne, très-célèbre sur les lieux, connue sous le nom de *Grotte de St. Beat*, remplie de stalectiques & d'autres incrustations : selon la tradition du pays, elle a été long-temps habitée par le saint dont elle porte le nom : elle paroît être l'ouvrage de la nature : au reste, ce qu'elle offre de plus beau, est un torrent considérable qui en sort avec impétuosité, & qui forme par sa chute une fort belle cascade. D'ailleurs cette grotte n'a rien de remarquable ; nous doutons qu'il se trouve des curieux qui ne regrettent point leurs peines après l'avoir vue ; la pente de la montagne étant ici fort roide & fort pierreuse.

„ Les bateliers vous font mettre pied à terre
„ un peu en deçà du cap, près du Village

,, de *Merlingen*, & l'on se rembarque un Maison-
,, peu plus haut dans une petite baye où le Neuve.
,, bateau peut avec sûreté vous attendre."

On a peu de chemin à faire pour se rendre à *Maison-Neuve*, terme du débarquement (*), & qui l'est aussi du lac qui se rétrécit dès-lors assez précipitamment pour ne conserver de largeur que celle nécessaire à l'arrivée des eaux de l'*Aar*, l'une des plus fortes rivières qui fertilisent la Suisse.

MAISON-NEUVE, est un petit Port d'entrepôt pour les marchandises qui se transportent sur le lac des différens districts qui y communiquent.

On monte ici à cheval (**). Le chemin

_____

(*) Les Bateliers s'offrent ordinairement à vous venir reprendre, & si l'on en a été content, il semble qu'ils méritent la préférence : d'ailleurs n'y ayant pas à Maison-Neuve, la même concurrence qu'à Thun, ils cherchent à profiter alors d'autant plus hardiment du besoin que vous avez de leur service : Deux jours suffisent pour voir les masses principales des choses ; il en faut quatre & cinq, à qui veut absolument tout voir

On trouve à *Berne*, chez *Wagner*, un petit livret qui donne dans le plus grand détail, l'itinéraire de la course, dont nous ne présentons ici que la partie la moins pénible, & selon nous la plus intéressante.

(**) Ceux qui voudroient éviter la navigation du lac, peuvent se rendre de Thun à Unterseen, par terre, le long de la côte Méridionale, en faisant un très-grand détour. Le voyage de terre par la côte septentrionale est dangereux à cause

G ij

Unterseen. qui conduit à *Unterseen*, est très-agréable; il longe une large vallée, bien cultivée & ornée de nombre d'habitations qui, toutes, peignent l'aisance & la prospérité.

La très-petite *Ville* d'UNTERSEEN, n'est rien moins qu'agréable; elle est située à l'entrée d'une gorge assez resserrée : Deux de ses côtés sont appuyés contre une masse très-haute de rochers absolument arides, dont la crête qui s'avance en surplomb sur les maisons construites au pied, semble présager leur ruine prochaine. Toutes les maisons y sont de bois & tiennent presque toutes l'une à l'autre. Le l'Aar, baigne une partie de ses murs; il est ici très-large, très-rapide, & il fait mouvoir nombre de moulins à tan, à huile, quelques siries, &c. On passe cette rivière sur trois ponts, pour se rendre à Lauterbrunn, ou au Grindelwald.

---

des précipices qu'il faut franchir : il n'est faisable qu'à pied.

Avis utile. *Soit que l'on parte de Thun, ou de Maison-Neuve avec ses chevaux, il est intéressant de les faire partir devant soi, & de faire passer avec eux, quelqu'un de sa suite sur lequel on puisse compter; sans cette précaution, les rameurs, d'accord avec le guide ou le valet à qui appartiennent ou qui soigne les chevaux, retardent leur course de manière à n'arriver que long-temps après vous: Cette manœuvre vous ôte alors la possibilité de vous rendre réciproquement de l'un à l'autre terme que nous avons proposé; (Berne & Lauterbrunn); & vous nécessitent de coucher en allant à Unterseen, ou en retournant à Thun: L'Auberge ici, est très-bonne; celle d'Unterseen, est détestable.*

EN ITALIE.

*** Le chemin d'*Unterseen*, au *Val* de Lauterbrunn, traverse d'abord une vallée charmante, couverte de villages, d'habitations & de vergers. On laisse sur sa gauche un Château & un Couvent ruinés, au pied duquel se sont élevées plusieurs belles Maisons : ce premier coup d'œil, offre un très-agréable tableau. On traverse successivement plusieurs Villages; le Vallon ensuite se resserre entre des montagnes arides & fort élevées, & en s'avançant vers la source, on arrive à deux gorges, qui présentent deux nouvelles routes : celle à droite conduit au Val de *Lauterbrunn* ; celle à gauche, au *Grindelwald* : nous continuerons la première ; nous reprendrons cette dernière ensuite.

A partir du point de partage ci-dessus, on compte un peu moins de deux lieues jusqu'à Lauterbrunn : avant que d'y arriver, ,, on passe sur un pont, le torrent de ,, *Sauffenbach*, près duquel se présente un ,, haut rocher nommé *Hunnenflue*, remar-,, quable par sa figure semblable à un bas-,, tion. ''

Le *Village* de *Lauterbrunn* (*), est peu

_____

(*) Le moins de mal que l'on puisse dire de l'Auberge, est de convenir qu'elle est mauvaise : le meilleur parti est celui d'aller directement mettre pied à terre chez le *Curé* du lieu ; sa maison peut recevoir trois à quatre maîtres à la fois ; elle est communément assez bien approvisionnée : il est d'usage de l'indemniser le lendemain sur le pied de *six livres de France* pour chaque maître : on envoye les chevaux au cabaret.

G iij

Le Staub-
bach.

considérable ; il tient cependant un espace de terrain considérable, parce que les maisons en font très-dispersées.

C'est à peu de distance des dernières Maisons de ce Village, qu'est située la CÉLÈBRE CHUTE D'EAU appelée le *Staubbach* (ruisseau de poussière), dont les eaux se précipitent d'un rocher perpendiculaire, de la hauteur, assure-t'on, de *neuf cents pieds* (*) : il ne manque à cette belle Chute, pour être unique en Europe, qu'un plus grand volume d'eau : Celle de *Terni*, est véritablement moins élevée que celle-ci, mais elle est infiniment plus imposante, & d'un bien plus grand effet. On pourroit comparer au Staubbach la chute du *Nant d'Arpenaz*, *Voy*. I.er vol. en lui donnant la préférence sur cette dernière.

En continuant de remonter ce vallon, on rencontre plusieurs autres Chutes d'eau, mais moins élevées, & encore moins abondantes que le Staubbach : nous devons ajou-

―――

(*) Cette élévation, quoiqu'elle soit assez généralement reçue, nous paroît exagérée, & nous ne croirons pas trop l'altérer, en la réduisant à *sept cents pieds*. C'est sans doute par erreur typographique, ou d'après des mémoires peu exacts, que l'on trouve la hauteur de cette Chute portée à *onze cents pieds* dans le Dictionnaire de la Suisse; dernière édition, tom. I.er, page 94. Nous avons ci-devant relevé (*tom. I.er*), une pareille erreur : On y indique le *Pisse-Vache*, tombant de *huit cents pieds de hauteur*... Estimation portée au moins au double, de ce qu'en toute rigueur, elle peut réellement avoir.

ter, que la plus belle heure pour voir cette Chute, est celle du lever du soleil ; parce que les rayons de cet astre s'y réfléchissent & ajoutent alors beaucoup à son effet propre.

Le Staubbach: Jungfrau, & Pied-fente de Lauterbrunn au Grindelwald.

C'est à la source de ce vallon que sont situés les plus vastes amas de Glaces de la Suisse: *On compte trois fortes lieues à partir du Staubbach, jusqu'aux premières approches du Jungfrau (Glacier de la Pucelle)*: Toute cette course doit se faire à pied; elle est impraticable à cheval (*), & le Curé indique des guides sur l'expérience & l'intelligence desquels on peut se fier : alors la visite des glaciers faite, on redescend à Lauterbrunn.

Ceux qui croiroient que le terme de cette course ne les dédommageroit pas entièrement de leurs peines, ou, qui moins ardens voudront se borner à voir ces hauts glaciers de moins près, peuvent se rendre sur la hauteur opposée au Staubbach; du sommet de laquelle ils jouiront d'une partie de la vallée de glace, du spectacle du Jungfrau (**) & de celui beaucoup plus agréa-

---

(*) On s'arme de longs bâtons ferrés ; il est bon même (à l'imitation des guides), de se cramponner les talons, pour se donner au besoin plus d'appui : *Voyez* notre observation, relative aux Glaciers du Faucigny, Ier. Vol.

(**) Cette haute montagne est très-distinctement apperçue de la belle terrasse à Berne ; mais elle ne se montre nulle part avec plus de majesté, que des fenêtres de la maison du Curé de Lauterbrunn.

G iv

ble, que présente le *Grindelwald*, vers lequel ce *Pied-sente* peut les porter: il ne faut pas moins de sept à huit heures de marche pour faire ce trajet: il est fort pénible & ne peut se faire qu'à pied. Il faudra dès-lors renvoyer ses chevaux au *Grindelwald*, par la route ordinaire, & s'approvisionner (chez le Curé) de quelques victuailles, dont les guides se chargent, parce qu'on doit s'attendre à ne trouver sur les hauteurs, que quelques malheureuses cabanes, mal pourvues, même de très-mauvais pain, & du lait dont il est assez difficile de supporter d'abord le goût.

Route à cheval de Lauterbrunn au Grindelwald.

*** La route à cheval de Lauterbrunn au Grindelwald, rétrograde sur le point de jonction que nous avons ci-devant observé; ce retour, sur un chemin en partie déjà fait, développe au total une longueur de près de six lieues. A partir d'ici, le vallon s'élève sensiblement beaucoup plus que celui que nous venons de quitter; ,, il offre à sa ,, source, au milieu des horreurs d'un désert, ,, le tableau d'une *Colonie Alpestre* (*), dans ,, un bassin ouvert; on y trouve un sol fer- ,, tile & cultivé, bordé au midi, par des ,, abymes de glaces éternelles.

GRINDELWALD (**), immenses amas

────────────

(*) Le mot *Alp* signifie généralement dans le pays, un pâturage de montagne.

(**) Le Cabaret est très-propre, mais communément assez vide de provision ; il est bon

de glaces s'offrent de nouveau aux ama- Grindel-
teurs ; mais on eſt beaucoup plus près ici de wald : Gla-
la baſe de ces vaſtes Glaciers (*) ; une demi- Monts de
heure ſuffit pour s'y rendre : on les voit Glace.
même diſtinctement des fenêtres du cabaret.
La ſource de ces écoulemens remonte à des
montagnes de la plus haute élévation &
d'un eſcarpement effrayant : on parvient
cependant, ſi l'on veut, au ſommet du
Mettenberg, d'où l'on domine une forte
partie de cet Océan ſolide. De loin, cette
maſſe ſemble compoſée d'une infinité de py-
ramides ; vue de plus près (**), c'eſt le

---

de s'en aſſurer (de tranſportables) avant que
de quitter Thun ; ſi l'on n'a pas pris ſes précautions de plus loin.

(*) La baſe du Glacier le plus près des dernières Maiſons du Village s'eſt (dit-on) depuis
quelques années, conſidérablement avancée dans
le vallon, au point d'avoir englouti une petite
Chapelle qui y étoit élevée, & que beaucoup d'habitans ſe rappellent encore : la Cloche qui y ſervoit
en a été enlevée ; elle eſt aujourd'hui jointe à
celles de l'Egliſe du Village ; elle atteſte authentiquement le fait.

(**) On parvient d'un ſillon inférieur, à un
ſupérieur, au moyen de quelques degrés, que les
guides vous préparent en vous précédant ; ils
portent à cet effet avec eux de petites haches dont
ils ſe ſervent pour tailler ces eſpèces de marches,
en longeant le talus par la pente la plus acceſſible :
ce ne ſont proprement que des points d'appui
pour poſer la pointe du pied & qui n'ont une ſorte
de ſolidité, que pour le moment; deux minutes
après, ils deviennent extrêmement gliſſans. Mais

spectacle d'une mer solide, mais sillonnée en forme d'ondes.

Il est des curieux qui se portent non seulement sur la sommité du *Mettenberg*, mais qui grimpent encore sur la cime du rocher appelé *Bænisgg* : Cette excursion demande cinq heures de marche (à partir du Val de Grindelwald) „ par des passages dangereux; „ on ne doit point les tenter, si l'on est sujet „ à des vertiges.... Ces sentiers longent „ des précipices affreux, où l'on trouve souvent à peine de quoi poser un pied." On nous croira sans peine, lorsque nous assurerons que nous n'avons pas fait cette route.

Itinéraire de la route du Val Grindelwald à Unterseen, par le Val de Hasli, le Lac de Brienz & Interlaken.

D'autres Voyageurs se rendent du Val de Grindelwald, au *Val de Hasli* (*); de cette Vallée, (que l'on assure être très-belle); on se rend vers la tête du *Lac Brienz*, sur lequel on s'embarque pour se rendre à INTERLAKEN; d'où l'on se porte par

si la montée est pénible, la descente l'est encore plus, & l'on doit naturellement s'y attendre.

On doit suivre pas à pas son guide & ne point s'en rapporter à cet égard à ses yeux; parce qu'il se trouve assez souvent des crevasses couvertes de neiges dans lesquelles on risqueroit de périr, faute de les deviner & de savoir les éviter.

(*) On peut résumer ainsi cette course. *Le 1er jour*, on arrive de Berne à Lauterbrunn; 2me jour, excursion aux Glaciers du Jungfrau, &c. 3me jour, voyage de Lauterbrunn, au Grindelwald; 4me jour, excursion sur le Mettenberg & le Bænisgg, &c. 5me jour, voyage au Hasli; 6me & 7me jours, retour du Hasli à Berne; attendu qu'il faudra coucher à Thun.

terre par un fort beau chemin d'un quart d'heure, à *Unterſeen*, & d'Unterſeen à Maiſon-Neuve, &c. Nous n'avons point fait cette route, & nous ſommes revenus ſur nos pas depuis Grindelwald (*) juſqu'à Thun.

Nous reprîmes à Thun (**) notre voiture,

(*) Croiroit-on que nous trouvâmes à notre arrivée un *Spectacle* établi dans le Cabaret de ce Village!.. C'étoit un jeu de *Marionnettes*: le maître nous dit, qu'il faiſoit très-bien ſes affaires, & qu'il étoit toujours aſſuré de Spectateurs chaque Dimanche qu'il repréſentoit. Cet homme fait annuellement le tour de tous ces diſtricts; on ſait d'avance l'époque de ſon arrivée : il nous ajouta que dès qu'il battoit ſa caiſſe ſur les hauteurs, on ſe rendoit à ſon ſpectacle de très-loin. Nous le fîmes repréſenter, & quoique ce fût un jour ouvrable, ſa ſalle fut effectivement bientôt pleine; il eſt vrai que ce qui put lui attirer ce ſoir-là tant de ſpectateurs, ç'a été l'annonce qui fit publier que ſon ſpectacle ſeroit gratis & que nous le dédommagions.

Cette plaiſante rencontre nous donna occaſion de voir le beau ſexe du *Grindelwald*; mais nous n'eûmes nullement de quoi nous émerveiller, & ſi nous prîmes quelque plaiſir, ce ne fut que de la bruyante joye de ces Dames & de ces Meſſieurs.

(**) De retour à *Thun*, on peut faire une EXCURSION *ſur Lucerne*, en dirigeant ſa marche ſur *Schwarzegg*; *Marbach*; *Eſcholmatt*, & *Wolhuſen*: on compte quinze fortes lieues de *Thun à Lucerne*; le chemin eſt bon, & même praticable pour les voitures légères du pays. Il faut coucher à *Eſcholmatt*, ſitué à peu près à une égale diſtance de Thun & de Lucerne.

On ſe rend de *Lucerne à Berne*, par *Wolhuſen*;

& nous n'employâmes que quatre petites heures pour nous rendre à Berne.

Route de Berne à Bâle, par Soleure & Zurich.

Soleure.

⁂ Le chemin de *Berne* à *Soleure*, n'est pas constamment agréable : il est souvent couvert & montueux : la montée la plus laborieuse, est celle que l'on traverse à peu de distance de Soleure. La distance qui sépare ces deux capitales, est de sept lieues.

SOLEURE (*) : les approches de cette Capitale, sont très-rians, très-soignés : son étendue est assez vaste, & ses fortifications estimées. Le *l'Aar* la traverse : on y voit de fort belles rues & beaucoup de maisons d'un très-bon goût. Les bâtimens publics, tels que l'*Église Collégiale*, celle des ci-devant *Jésuites*; l'*Hôtel-de-ville*; l'*Arsenal*, &c. méritent d'être vus. On engage les étran-

---

Wilisau; *Hutil* & *Burgdorff*. On compte dix-huit lieues, la route est plus belle & moins montueuse que la précédente : il faut coucher à *Wilisau*, également à moitié chemin de ces deux capitales.

LUCERNE, est comptée entre les plus commerçantes, les plus riches, les plus peuplées, & les plus belles villes de la Suisse : elle est située à la queue du lac qui porte son nom & d'où sort le *Russ*. L'Eglise Collégiale est belle : l'Hôtel-de-ville quoique fort estimé à Lucerne, paroîtra peu de chose, comparé à celui de *Zurich*, & que cependant ils mettent en parallèle : les goûts sont différens.

(*) A la *Tour rouge*, bonne Auberge.
A la *Couronne*, bonne Auberge.

gers à voir quelques Peintures qui décorent l'Hôtel-de-ville, dont on fait sur les lieux beaucoup de cas : leur plus grand mérite, est de repréfenter quelqu'uns des principaux traits de l'Hiftoire Suiffe.

L'*Arfenal* eft beau, mais moins vafte, moins curieux que celui de Berne.

L'Hôtel de l'Ambaffadeur de France, eft une des curiofités de Soleure : Son extérieur eft peu impofant ; il eft d'ailleurs meublé avec quelque richeffe.

** La route pour les voitures de Soleure, à Zurich, longe une partie de la rive droite de l'*Aar :* de l'une à l'autre capitale, on compte vingt lieues. On couche ordinairement à *Arau*, diftante de Soleure de neuf lieues ; on dîne le lendemain à *Baden*, d'où l'on n'a plus que quatre lieues pour fe rendre à Zurich. Le chemin eft par-tout très-bon.

ARAU (*) : Cette petite Ville a l'air, on ne peut pas plus vivante ; elle eft joliment fituée, joliment bâtie, & d'une propreté qui prévient : Un large ruiffeau coule au milieu de la principale rue. Le l'*Aar* fur le bord de laquelle elle fe développe, eft navigable : Le pont qui le traverfe, eft conftruit en pierre. Plufieurs Manufactures importantes, enrichiffent fenfiblement cette petite Ville.

** Deux chemins, à partir d'*Arau*, fe

_____

(*) *Au Taureau*, bonne Auberge.

Arau: Baden, Zurich. rendent à *Baden*; tous deux font bons, & donnent également une distance de sept lieues : Celui à gauche continue de suivre le cours du l'*Aar*, qu'il quitte à *Bruck*. Le chemin à droite traverse *Lenzbourg* & *Mellingen*; où l'on passe le *Russ*, sur un pont de pierre, ce dernier chemin a l'avantage de conduire très-près de l'établissement des célèbres *Bains* (*) de *Baden*.

BADEN (**) : Petite Ville fort peuplée & qui paroît commerçante ; elle est située sur le *Limat*, qui arrive de *Zurich*, & qui joint ses eaux au l'*Aar*, deux lieues plus bas.

De *Baden*, à *Zurich* ; quatre lieues : Elles nous ont paru fortes ; le chemin est d'ailleurs bon & agréable.

ZURICH (***) l'une des plus considérables, & des plus belles Villes de la Suisse : Elle est située sur le penchant de deux collines, à l'extrémité septentrionale du lac

---

(*) Arrivé aux Bains, on feroit bien d'envoyer en avant la voiture & faire préparer le dîner ; ce seroit autant de temps de gagné : Il ne faut pas plus d'une demi-heure de marche (à pieds) pour se rendre à la Ville, par une promenade fort agréable. Ces Bains ont un peu perdu de leur première célébrité ; le concours n'y est plus si grand.

(**) Aux *Balances*, bonne Auberge.

(***) A *l'Epée*, bonne Auberge : elle est délicieusement située.

de Zurich d'où fort la rivière du *Limat* (*). On eſtime beaucoup ſes fortifications. Cette Ville eſt généralement bien bâtie : On y remarque de très-belles rues, & toutes d'une grande propreté.

Zurich, Pont de Raperſwil.

L'*Hôtel-de-Ville* mérite d'être vu ; le caractère de ce bâtiment, qui eſt moderne, eſt, à bien des égards, fort eſtimable : L'intérieur développe différentes Salles de Juſtice & de Bureaux de régie, très-noblement décorées.

La *Bibliothèque Publique*, eſt conſidérable, & (dit-on) du plus excellent choix : On y a joint un Cabinet de diverſes curioſités, dont beaucoup de morceaux ſont eſtimés.

On remarque ſur la principale place, une Fontaine d'où s'élance un jet, à une aſſez belle élévation ; c'eſt dommage qu'il ne donne point un plus fort volume d'eau.

L'*Arſenal* eſt le plus vaſte & le plus formidable de toute la Suiſſe : Les Salles dans leſquelles il ſe développe, ſont fort décorées, & il y règne un ordre & une propreté intéreſſante : on aſſure qu'il peut armer quarante mille hommes.

Une des curioſités des environs de Zurich, eſt le *fameux Pont* en bois qui traverſe le lac à *Raperſwil*; ce Pont a près de trois quarts de lieue de longueur. On ſe rend de Zurich à Raperſwil, diſtante de ſix

_____

(*) Deux Ponts de bois facilitent la communication des deux parties de la Ville que cette rivière ſépare : Celui placé au centre, eſt d'une largeur qui ſurprend ; c'eſt réellement une place & qui ſert de Marché : le ſecond eſt d'une largeur ordinaire.

Route de Zurich à Schaffhouse, Cataracte du Rhin.

lieues, par une navigation sur le lac, d'environ quatre heures, lorsque le vent n'est pas contraire : ceux qui préféreroient de s'y rendre à cheval, ou en voiture, longent ce même lac par sa rive droite : la distance par terre est un peu plus courte ; mais elle demande néanmoins un peu plus de temps.

⁎ On compte neuf fortes lieues de Zurich à Schaffhouse : on dîne ordinairement à *Eglisaw*, distante d'un peu moins de six lieues, située sur le *Rhin*, que l'on traverse sur un pont de bois couvert.

On s'arrête à environ une demi-lieue, avant d'entrer dans Schaffhouse, *pour se rendre au pied de la* CÉLÈBRE CATARACTE DU RHIN, située près du Château de *Laufen* : on n'en connoît point une plus considérable en Europe : L'effet en est pittoresque & d'une majesté vraiment imposante. On estime cette chute sur les lieux, à quatre-vingt-dix pieds de hauteur (*) ; nous osons en rabattre un tiers, & nous croyons notre estimation la plus approchante du vrai. Ce fleuve resserré plus haut entre des bords escarpés, qui lui laissent cependant un bassin de plus de cent pieds de largeur, se précipite ici avec une impétuosité qu'on ne sauroit rendre : le mugissement des flots se fait entendre de fort loin, & de près, on a peine à

―――――――――――――

(*) Le Dictionnaire de la Suisse, lui donne cent cinquante pieds... Le rédacteur de cet article, ne l'a certainement point vue.

se familiariser avec un aussi bruyant sifflement (*). Cataracte du Rhin, Schaffhouse.

SCHAFFHOUSE (**), est située sur la rive droite du Rhin ; son enceinte est vaste & fortifiée de quelques ouvrages modernes. On porte la population de cette ville, à huit ou neuf mille ames : elle est généralement bien bâtie & très-propre. Plusieurs de ses édifices publics, méritent d'être remarqués. Le *grand Temple*, est un beau & vaste vaisseau : L'*Hôtel-de-ville* & l'*Arsenal*, peuvent être vus, même après ceux de Zurich.

La *grande Horloge*, est une des curiosités, la plus particulièrement recommandée aux étrangers ; elle a pu, véritablement passer dans sa nouveauté, pour une huitième merveille : Les deux Bibliothèques publiques, font bien plus d'honneur à Schaffhouse ; elles sont très-belles.

(*) Presque tous les points de vue de cette belle Chute, sont intéressans ; nous avons cru cependant remarquer, qu'une des positions la plus curieuse, étoit celle que présente la petite terrasse du Château de Laufen. Celle que donne le bâtiment servant à entreposer les Marchandises qui descendent ou qui remontent ce fleuve, est également curieuse ; nous la préférons même à la première position, parce qu'elle enfile mieux l'échappement principal & le plus fort brisement des eaux contre les rochers qui s'opposent à sa fuite. On se fait conduire ensuite sur la rive opposée, pour considérer divers autres accidens de cette magnifique cascade.

(**) A *la Couronne*, bonne Auberge.

Schaffhou-
fe.

Le *Pont* récemment reconftruit qui traverfe le Rhin, paffe pour un prodige de
charpenterie dans le pays. Il eft compofé
de deux arches (*) d'inégale largeur ; celle
qui s'appuye contre les murs de la Ville,
eft d'environ un tiers plus large que la feconde. Le trait, porte effectivement un
caractère de hardieffe qui furprend, jointe
à une folidité fenfible : C'eft un fort bel
ouvrage.

⁎ On *compte vingt à vingt-deux lieues
de Schaffhoufe* à *Bâle* , par *Lauffenbourg* &
Rhinfeldz : Cette route eft celle de la pofte, elle eft mauvaife & défagréable de
toutes manières : On la peut faire avec des
chevaux de pofte (**).

(*) On lit dans le Dictionnaire de la Suiffe, &c.
que ce pont eft d'une feule arche : L'Auteur n'a
pas toujours eu fous les yeux des mémoires exacts.

(**) On ne doit point s'attendre à faire une
bien plus grande diligence qu'avec des chevaux
de voiturin : Il feroit difficile de trouver des
poftes plus mal montées en poftillons, auffi bien
qu'en chevaux. Si l'on prend ce parti, & que
l'on veuille s'éviter de coucher en route, il fera
bon d'envoyer en avant un courier qui fache la
langue & fe faire obéir : Il n'aura pas trop d'une
heure à chaque pofte pour parvenir à faire mettre
les chevaux en état d'être attelés. De Schaffhoufe,
à Lauchingen, une pofte & demie. — De *Lauchingen* à *Laffenbourg*, une pofte & demie. — De *Lauffenbourg*, à *Mumpf*, une pofte. De *Mumpf* à
Bâle, ils exigent ordinairement deux poftes &
demie, quoiqu'il n'y ait que fix lieues, qui fe

Nous n'entrerons dans aucun détail relatif aux petites Villes de Lauffenbourg,
& de Rhinfeldz, que la route fait traver-
fer ; la première eft peu de chofe : La feconde a été très-forte ; elle a été fort mal-
traitée dans la précédente guerre.

BASLE (*) : Cette Ville eft la plus peuplée, la plus vafte, la plus ornée, la plus
commerçante & la plus riche de toute la
Suiffe : Le Rhin fur lequel elle eft fituée,
eft ici profond, large, & rapide : Un affez
beau Pont, fait communiquer le *Petit
Bâle*, avec l'ancienne Ville : L'un & l'autre font entourés d'une fimple muraille
terraffée que circonfcrivent de larges foffés
pleins d'eau. Bâle (**), eft généralement

---

font (même avec des chevaux de voiturins) en
moins de quatre heures. On doit tirer le meilleur
parti que l'on pourra, parce qu'il n'y a point de
tarif de pofte déterminé avec la fouveraineté de
Bâle ; lorfqu'on fort de cette dernière Ville, on
eft forcé de fe fervir de chevaux de louage, &
quand ils amenent à *Mumpf*. ils fe font payer fur
le pied d'une journée de route.

(*) Aux *trois Rois*, excellente Auberge.

(**) Une fingularité de cette Ville, eft la
marche continuellement hâtive des Horloges publiques : Par un ufage fort ancien (& dont on
ignore la vraie fource, le vrai motif), elles in-
diquent & fonnent toujours une heure quelconque, en avance de la véritable : Elles marquent, par
exemple, & fonnent midi, lorfqu'il n'eft que onze
heures ; une heure, lorfqu'il n'eft que midi ; &
ainfi de fuite.

ville bien bâtie ; on y remarque nombre de très-belles rues ; plufieurs places affez vaftes, bien percées, mais peu régulièrement décorées ; & des fontaines qui jailliffent & coulent dans tous les quartiers : Auffi, eft-il peu de Villes dans lefquelles il règne une aufli grande propreté.

La *Cathédrale*, eft d'un très-grand vafte, & d'un beau gothique : on y remarque, entre un grand nombre de Maufolées, celui du favant *Erafme*, de Roterdam.

La *Terraffe* qui joint cette Églife, donne une promenade publique, agréable & très-foignée ; on y jouit d'une vue délicieufe.

La *Bibliothèque publique* eft confidérable & fort ornée : celle de l'Univerfité, eft également curieufe ; on y remarque quelques Tableaux de mérite, & de préférence plufieurs d'*Holbein* ; plufieurs fuites de Médailles, & diverfes autres curiofités, que l'on prife d'autant plus ici, que la plupart de ces chofes, ont fait partie du Cabinet d'*Erafme* ; de celui d'*Amersbach*, &c.

L'*Hôtel-de-ville* eft un édifice médiocre ; il a plus de réputation qu'il ne mérite : les falles font cependant fort belles, & affez bien ornées ; on y voit quelques bons Tableaux.

L'*Arcenal* (pour ceux qui ne feront point laffés d'en voir) eft encore un objet de curiofité : il eft confidérable, & tenu avec beaucoup d'ordre.

On ne manque point de conduire les étrangers à l'ancien Couvent des *Dominicains* ; on y voit contre le mur d'une efpèce de péristyle dépendant de cette maison, une *Fresque* (beaucoup trop vantée sans doute), peinte par le célèbre *Holbein*, représentant la *Danse des Morts*. „ C'est une „ suite de toutes sortes de gens, qui se „ tiennent par la main, & que la Mort qui „ mène le branle, conduit au Tombeau. Il „ y a des personnages de tout âge, de tout „ sexe & de toute condition." La singularité du sujet, & la manière grotesque dont il est traité, fait le principal mérite de ce Tableau : vainement y chercheroit-on une correction supérieure de dessein ; une heureuse variété dans les groupes ; une belle entente du clair-obscur ; en un mot les premières &, peut-être, les seules beautés de l'art: néanmoins, ce morceau se fait voir avec plaisir. Il s'altère & périt sensiblement.

⁎ Deux routes principales se présentent au sortir de Basle pour se rendre à *Strasbourg*: L'un se dirige sur *Colmar*, & *Schelestat*; l'autre sur *Huningue* & *Neuf-Brisack:* celle-ci longe la rive gauche du Rhin. Nous la croyons la plus agréable. On compte de Bâle à Strasbourg 14½ postes par la première de ces routes, & 15½ par la seconde.

HUNINGUE, petite Ville dépendante de la généralité d'Alsace & distante de Bâle d'une petite lieue. Les fortifications qui l'entourent ont été dirigées par M. *de Vauban*; elles sont très-estimées & parfaitement bien entretenues. De Huningue à *Neuf-Brisack*, on compte 7 lieues.

Neuf-Brisack. **NEUF-BRISACK.** Cette Ville bâtie par *Louis XIV*, eſt ſituée à une double portée de canon de la rive gauche du Rhin; elle eſt d'une régularité & d'une uniformité qui plaît au premier coup d'œil, mais dont un plus long examen n'eſt rien moins que ſatisfaiſant : elle eſt médiocrement peuplée & paroît peu commerçante & conſéquemment peu riche. Les Bâtimens royaux, tels que l'Hôtel du gouvernement, les Cazernes, l'Hôpital militaire, &c. ſont les ſeules choſes qui peuvent piquer tant ſoit peu la curioſité des voyageurs, qui (en fait d'édifices de ce genre) n'auroient pas vu ceux élevés dans les villes de *Metz*, de *Strasbourg*, de *Lille*, &c; infiniment ſupérieurs à ces premiers, quelques vaſtes & aſſez bien ordonnés qu'ils ſoient.

Fortifiée par M. *de Vauban*, il y a développé tout ſon génie & ſon ſyſtême favori de *Tours-creuſes* (*) diſpoſées dans les an-

────────────────────

(*) Ce ſyſtême dont cet homme célèbre avoit déjà fait uſage à *Befort*, à *Landau*, & ailleurs, eſt ici employé dans un plus grand degré de perfection. Il a donné à ſes Tours-creuſes une plus grande proportion, & elles acquièrent plus de défenſe, au moyen des flancs pratiqués dans la courtine, qui les joignent entr'elles : Les contregardes qui les ſoutiennent & dont elles ſont couvertes, ſont également moins acceſſibles & plus meurtrières que celles conſtruites dans les places déjà citées. Malgré cela, s'il nous étoit permis d'avoir un ſentiment à cet égard, nous oſerions dire, que ce ne ſeroit point encore ce ſyſtême que nous croirions renfermer la meilleure défenſe poſſible.

gles faillans du corps (proprement dit) de Strasbourg. la place : La maſſe générale donne un octogone parfait. Les amateurs ne doivent point négliger cet examen : Les partiſans de ce ſyſtème, regardent cette place comme un chef-d'œuvre de l'art. Il eſt rare que MM. les Officiers de l'état-Major ſe refuſent à la permiſſion qui doit leur être demandée ; & à cet égard, nous avons conſtamment remarqué qu'on étoit infiniment plus accommodant en France, que par-tout ailleurs, où l'on eſt généralement beaucoup plus ſcrupuleux. On compte 12 lieues de Neuf-Briſack à Strasbourg.

STRASBOURG (*). Nous avons toujours entendu citer cette Ville entre les plus belles de l'Europe. Nous avouons, que ſi cette dénomination eſt due à un amas conſidérable de maiſons, & par conſéquent à un très-grand nombre d'hommes réunis ; à l'extérieur d'un grand mouvement, de l'aiſance, même de la richeſſe : à ce titre, diſons-nous, Strasbourg peut véritablement prétendre à l'illuſtration qui lui eſt donnée. Mais ce ſeroit en vain qu'on y chercheroit de ces édifices impoſans & ſomptueux ; de ces places dont le vaſte & la décoration étonnent & flattent la vue ; de ces monumens enfin (un ſeul excepté) élevés à la gloire des arts & l'admiration de la poſtérité. Ses rues ſont, en général étroites &

(*) Chez *l'Eſprit*, ſur le Quai, en face du Pont, bonne Auberge.

Strasbourg: il ne paroît pas que l'on faſſe beaucoup d'ef-
Cathédrale. fort pour les élargir & les redreſſer. Le goût
de conſtruction dominant des maiſons eſt
du plus mauvais genre; il eſt pourtant vrai
qu'on l'abandonne & qu'on en adopte un
moins mauvais, à fur & à meſure que les
maiſons ſe reconſtruiſent.

Strasbourg eſt ſitué à un quart de lieue
du Rhin ſur la petite rivière d'*Ill*, qui la
traverſe dans ſa plus grande longueur:
Quatre à cinq ponts facilitent la communication d'une rive à l'autre.

La *Cathédrale*, eſt, à beaucoup d'égards,
un très-beau vaiſſeau : Il n'eſt pas d'un
infiniment grand vaſte, mais il offre un
bel enſemble. On y remarque une diſtribution plus noble, plus ſage, mieux digérée,
que ne le font les édifices de ce genre qui
datent de la même époque. Le grand Portail, quelque vanté qu'il ſoit, nous a paru
exactement mauvais : Au milieu de la porte
s'élève un pilier qui la partage déſagréable-
ment, & qui n'a d'autre mérite que celui
de porter une effigie de la Vierge du plus
mauvais genre (*).

La *Tour*, ou Pyramide, dont on ne
parle

(*) C'étoit ſans doute un mérite alors. Nous
avons vu long-temps la porte du milieu de l'E-
gliſe Notre-Dame, également partagée ; juſqu'à
ce que le bon goût ait fait comprendre la ſup-
preſſion de ce pilier dans les embelliſſemens récemment ajoutés dans toutes les parties de ce
bel édifice.

parle fur les lieux qu'avec enthoufiafme, Strasbourg: qu'avec refpect; eft, véritablement le mo- Cathédrale. nument de ce genre le plus élevé que l'on connoiffe en Europe : On lui donne ici fièrement fix cents pieds, & quand on difpute, on commence par vous accorder une diminution de cinquante, & enfuite de cent pieds; mais c'eft leur dernier mot : En forte qu'ils veulent qu'elle n'ait pas moins de cinq cents pieds de hauteur. Et c'eft d'après leur parole fans doute, que l'élévation de cette flèche eft portée dans plufieurs Dictionnaires, & traités de Géographie, à 574 pieds. Le fait eft, que d'après des mefures plus juftes & récemment prifes, fa hauteur actuelle totale, eft de 415 pieds : Nous difons hauteur actuelle, parce qu'il eft vrai qu'une partie du couronnement a été détruite en différentes fois par le feu du Ciel. On ne peut au refte lui refufer le mérite d'une exécution pleine de hardieffe & de délicateffe; & en général une fvélité agréable & majeftueufe, dont nous ne connoiffons aucun autre exemple.

L'intérieur de l'Eglife, eft plus richement, que noblement traité. On y voit une *Horloge* que les Strasbourgeois regardent comme une des merveilles du monde : Cette pièce de méchanique eft, felon eux, fupérieure à toutes celles exiftantes & à naître (*) : C'eft toujours un morceau curieux

---

(*) Les *Lyonnois*, n'admettent point du tout cette primauté; à peine leur accordent-ils la concurrence. *Voy.* le Ier. Vol. *Art.* Lyon.

Strasbourg : & digne d'éloge. La Sacristie est très-riche,
Temple St. en Reliquaires, Vases, Ornemens, &c.
Thomas.

Les *Hôtels du Gouvernement* & de l'*Intendance*, & quelques autres, peuvent être vus avec fruit, même après les premiers modèles de ce genre : l'intérieur de ces bâtimens n'est pas moins intéressant. Le Palais Episcopal (*), l'*Hôtel-de-ville*, celui des Princes *Darmstatt*, celui de la *Monnoye*, &c. ont également des droits à la curiosité des amateurs.

Mais l'objet le plus digne d'être recherché, est l'infiniment BEAU MAUSOLÉE érigé dans le *Temple Saint-Thomas* à la mémoire de l'immortel Comte de Saxe. Ce morceau d'une composition neuve, imposante, pittoresque, sublime, est d'une exécution qui ne laisse pour ainsi dire rien à désirer. Il fait un honneur infini au sieur *Pigale*, qui l'a imaginé & produit. Il est difficile de réunir plus de beauté, de goût & d'expressions à la fois (**). C'est à ce même ar-

―――――――――

(*) Cet Evêché donne au Titulaire le rang de Prince du Saint-Empire, & ce qui vaut mieux, il rapporte au delà de trois cent mille livres de rente.

(**) Ce beau monument a cependant trouvé des critiques : ceux-ci n'accordent point un caractère assez décidé dans l'air de tête de cette belle Femme qui représente la France ; ils croyent également trouver, trop de *courtesse* dans l'ensemble de la figure du Comte de Saxe, &c. Sans adopter ces remarques, nous ne les croyons point absolument dénuées de justesse.

tiste que la Russie) & Pétersbourg en parti- Strasbourg.
culier) devra le très-ingénieux & très-beau
monument, consacré à la gloire du plus
grand de ses maîtres. L'Impératrice régnan-
te, pouvoit difficilement faire un meilleur
choix : il est aujourd'hui peu d'artistes en
Europe, plus dignes d'exécuter les divers
monumens qui vont embellir Pétersbourg ;
& qui, en éternisant son goût éclairé pour
les arts, transmettront à la postérité, la
splendeur de son règne, & sa haute munificence.

La *Salle de Spectacle* est jolie. L'Hôpital
Bourgeois est bien bâti & fort riche : l'Hôpital Militaire, & les Cazernes, sont également
très-bien.

Les *Fortifications* qui défendent cette
place, embrassent un terrain immense : on
leur accorde généralement un grand mérite :
La *Citadelle* est petite, mais très-forte ; plusieurs forts la soutiennent. L'*Arsenal*, est un
des plus considérables & des plus beaux du
royaume; il mérite assurément d'être vu.

Le *Pont du Rhin* a aussi son mérite ; il est
formé par une longue chaîne de bateaux.
Le *Fort de Kell*, couvre, en quelque sorte
la tête de ce pont qui joint la rive droite du
fleuve : ce fort (qui appartient à l'Empire), est par lui-même assez peu de chose.

Les *Promenades* pratiquées sous le canon
de la place, sont, on ne peut pas plus agréables & très-bien tenues; de préférence celle
qu'on appelle de *Contades*, à l'extrémité de
laquelle il s'est établi des *Bains publics*,
très-décemment, très-proprement montés.

H ij

Nous nous taisons sur la singulière beauté du vaste bassin dans lequel Strasbourg est situé : à cet égard, on ne peut s'empêcher de placer l'Alsace entre les parties du globe les plus fertiles, les plus riches, les plus délicieuses ; & de toutes les conquêtes modernes de la France, celle-ci, est sans contredit, l'une des plus intéressantes, des plus avantageuses. L'œil au sortir de Bâle, peut embrasser une partie de l'étendue de cette fertile & magnifique plaine : c'est le spectacle le plus beau qu'il soit possible d'imaginer.

Projet d'Excursion de Strasbourg, sur Baden, Rastatt, Manheim. ⁂ Nous conseillerions ici (en supposant toujours que *Nancy* soit un point nommé du voyage & que le temps ne presse pas) de faire une EXCURSION sur *Manheim*, en dirigeant sa marche sur *Baden* & *Rastatt*. Ces deux cours méritent d'être recherchées des voyageurs faits pour y être admis : les Palais des Marcgraves, sont susceptibles d'éloges, & le pays que cette route fait traverser, est riche, peuplée & de la plus intéressante variété.

Manheim. MANHEIM, est situé au confluent du *Necker* & du *Rhin*. Cette Ville est très-régulièrement bâtie & le ton en général des bâtimens, est d'un assez bon genre : on y remarque quelques édifices publics de beaucoup de mérite. Le *Palais* de S. A. E., est fort vaste ; il donne infiniment plus que l'extérieur ne le promet : la distribution en est bonne ; & il est aussi richement, que noblement meublé.

La *Bibliothèque* est très-belle, & fort estimée. La *Salle de Spectacle*, est l'une des plus vastes & des mieux décorées de l'Allemagne : elle peut être vue avec satisfaction, même après les plus belles d'Italie. {Manheim: Schwetzing, Oggresheim.}

Le *Cabinet de Tableaux* de l'Electeur, est nombreux & d'un excellent choix : Il peut être vu avec fruit, même après les plus belles collections de Rome, de Naples, de Bologne, de Gènes, de Paris, &c. Les *Médaillers;* la *Collection d'Antiques;* celle des *raretés* en tous genres, jouissent également d'une haute réputation. Les Maisons de plaisance de *Schuetzing*, d'*Oggresheim*, &c. sont très-agréables.

La noble urbanité de S. A. E., est trop universellement connue, pour ne nous point dispenser d'entrer à cet égard dans un plus grand détail. L'homme de lettres, & l'artiste d'un mérite distingué, peuvent partager l'honneur de lui faire leur cour, avec ceux que leur naissance ou l'illustration approche (en quelque sorte de droit) de sa personne Auguste. Un étranger ne peut être nulle part mieux reçu, plus cordialement accueilli : il est peu de Cours en général, plus brillante, & d'un aussi grand mérite.

L'on se rendroit de *Manheim* à *Nancy*, en dirigeant sur *Deux-Ponts* (par *Turckheim*, *Keserlouter* & *Hombourg*), & de *Deux-Ponts*, à *Saarbruck*, &c.

ON compte trente lieues de *Strasbourg* à *Nancy* : la principale route traverse les Villes de Saverne, Phalsbourg, Saarbourg, &c. {Route de Strasbourg à Nancy.}

H iij

Phalsbourg: Cette route est parfaitement bien tenue.
la petite Pierre Bitche.
La petite Ville de *Saverne* que l'on trouve d'abord, est située en partie sur le prolongement des montagnes des *Vôges*. Le Palais de plaisance de l'Evêque, est la seule chose qu'il y ait de remarquable : quelques minutes de plus que le temps nécessaire pour relayer, suffisent pour voir les Jardins, qui sont assez vastes & ornés : quant à l'intérieur du Palais, tout y annonce assurément la demeure d'un très-riche seigneur.

PHALSBOURG, petite & assez laide Ville (que l'on traverse la poste suivante), est bâtie sur une éminence dont l'accès, quelque bien travaillé qu'il soit, est encore assez pénible : cette place est fortifiée; & elle est, par son assiette, plus importante qu'on ne le croiroit d'abord (*).

(*) Sur la même ligne (par la droite) à neuf lieues environ de distance, & sur cette même chaîne de montagnes, est située la *Forteresse de Bitche*. Cet endroit isolé de la grande route, est par cette raison peu connu, peu recherché des voyageurs : Nous avertissons cependant les amateurs de fortifications & de travaux vraiment peu communs, qu'ils ne regretteront point de s'y rendre. Le chemin qui y conduit est bon quelque sauvage que soit le pays qu'il traverse ; & l'on trouvera sur de bien plus grandes routes, de moins bons chevaux.

Le *Château de la* PETITE PIERRE, sous le canon duquel on passe d'abord, n'est qu'un poste d'Invalides ; ce n'est rien : On traverse successivement plusieurs assez gros Villages.

La *Forteresse* de BITCHE, est taillée, pour la

LUNEVILLE (*). Cette ville si gaie, si florissante sous les derniers Ducs de Lorraine, & parvenue au plus haut degré de

Luneville Deux-Ponts, Saarbruck.

plus grande partie dans le roc d'une montagne assez élevée, & située au milieu d'un bassin qui n'a guères plus qu'une forte portée de canon de largeur dans tous les points du centre à la circonférence. Indépendamment du mérite particulier des ouvrages, qui rendent cette place très-forte; on y a pratiqué des souterrains à l'épreuve de la bombe d'un vaste & d'une beauté qui tiennent du prodige, & qu'il a fallu tailler dans un roc très-dur: on y remarque de vastes citernes, & un magnifique puits.

On peut de Bitche, se rendre aux DEUX-PONTS, par une assez belle route: cette dernière Ville est le chef-lieu & la résidence du Prince souverain de ce nom. Le Palais qu'il habite, n'est pas une merveilleuse chose, mais on ne le voit pas sans plaisir. Cette petite Ville, considérablement augmentée & embellie sous le règne de son dernier Souverain (*Christian IV*) n'est pas le seul monument de son goût pour les arts & de sa munificence; nous lui avons vu élever à *Jagersbourg* un Palais dont le projet est très-grand (& peut-être trop grand) & à *Pettersheim*, une Maison de chasse d'un excellent genre. Peu de Princes ont été plus éclairés, plus avides d'une vraie gloire; peu, ont mieux réussi à se faire plus universellement aimer.

De *Deux-Ponts*, on pourroit se porter sur SAARBRUCK, autre Capitale d'une Principauté, appartenante à la Maison de *Nassau*: Le chemin qui conduit de Deux-Ponts à cette dernière Ville, est très-bon. Le Château de Saarbruck, n'est pas sans mérite. Enfin, on se replieroit ici sur la grande route de *Luneville* à *Nancy*.

(*) Au *Sauvage*, bonne Auberge.

Nancy: Place Royale, &c. &c. prospérité où elle pouvoit prétendre sous le règne de STANISLAS, est devenue depuis la mort de ce bon Prince, morne, déserte... & presque méconnoissable. Le Palais subsiste, mais il a été depuis approprié & affecté pour le logement du corps de la Gendarmerie. Les Jardins vastes & magnifiques, qui rendoient cette Maison Royale, à bien des égards l'une des plus curieuses de l'Europe, ne sont plus: Les bois sont abattus; on moissonne des grains, & les bêtes, pâturent dans cette enceinte naguères si soigneusement décorée. On compte cinq lieues de Luneville à Nancy.

NANCY (*), Ville capitale de la Lorraine, située sur la Meurte; très-peuplée; plutôt aisée, que riche, & que l'on peut citer entre les belles Villes de France: On distingue l'ancienne & la nouvelle. Nous ne connoissons dans la première rien de fort remarquable: Le Château des anciens Ducs, quels embellissemens qu'on y ait successivement ajoutés, n'est que d'un second mérite. La *nouvelle Ville* est très-régulièrement distribuée, & ornée de bâtimens, d'un goût en général qui prévient: ceux de l'*Intendance*, ceux qui circonscrivent la *Place Royale*, celle de l'*Alliance*, celle des *Carrières*, &c. sont d'un bel effet. Le bienfaisant *Stanislas*, n'a cessé pendant tout le cours de son règne, de lui donner ses soins

---

(*) A la *Cour de Londres*, bonne Auberge.

les plus affectueux ; il y a accumulé (si Nancy: Place Royale, &c. &c. Salle de Spectacle.
l'on peut parler ainsi) des miracles ; peut-
être même, y à-t-il entassé trop de beautés
du même genre.

La *Place Royale* paroîtra un peu petite ;
nous la croyons, à quelques égards, la moins
bien des deux autres Places auxquelles elle
communique. L'Effigie de *Louis XV*, placée
au centre de la première, a trouvé plus de
critiques que d'approbateurs ; elle a cependant
du mérite. Mais une partie qui réunit
tous les suffrages, font les Grilles & tous
les ornemens traités en fer qui occupent ou
remplissent les angles de cette même place :
ce métal est ici manié avec beaucoup d'art,
beaucoup de goût.

Les *Fontaines*, sans offrir des idées neuves
& grandes, ne manquent pas d'effet.

Nous ne nous appesantirons point sur le
détail des autres édifices & monumens du
second ordre, que cette belle Ville renferme ;
nous nous contenterons d'indiquer seulement
les principaux, tels que l'*Eglise Primatiale* ;
celle des ci-devant *Jésuites* ; la
vaste Maison des *Missions étrangères* ; l'Eglise
des *Cordeliers* dans laquelle reposent
les cendres des anciens Ducs, &c. ; l'*Hôtel
des Monnoyes*, &c. &c.

La *Salle de Spectacle*, est noblement traitée
& d'une belle grandeur.

On se loue beaucoup sur les lieux de la
beauté, de la salubrité du climat : les environs
sont véritablement des plus agréables
& parfaitement bien cultivés. La vie
est généralement très-douce à Nancy : il

H v

règne dans le commerce des gens aisés, une sorte de franchise & d'aménité, que l'on ne rencontre point par-tout.

Route de Nancy à Luxembourg, par Metz.

⁂ On *compte douze lieues de Nancy à Metz*, & la vraie route traverse la petite Ville de *Pont-à-Mousson*.

PONT-A-MOUSSON, est située sur la *Moselle* : cette Ville est d'une moyenne grandeur ; elle est entourée de quelques fortifications ; il y règne assez de mouvement. La Maison & le *Collège des* ci-devant *Jésuites*, sont, à peu près les seuls bâtimens un peu remarquables.

A peu de distance de Metz, on passe sous les *ruines d'un Aqueduc* d'une construction très-ancienne : On voit par les vestiges qui subsistent sur l'une & l'autre rives, que cet aqueduc a dû traverser la Moselle ; il communiquoit d'une montagne à l'autre (*).

METZ (**). La Moselle & la petite rivière de Seille la traversent : c'est une fort grande, & non pas une belle Ville. Feu le Maréchal *Duc de Belleisle* a fait l'impossible pour l'embellir, & n'a réussi qu'à

──────────

(*) Le peuple l'appelle, le *Pont du Diable* : En lui faisant honneur de la construction de ce prétendu Pont, il ne pense assurément pas, qu'il fait du Diable le plus bel éloge.

(**) Au *Pavillon Royal*, médiocre Auberge, mais bien située : près de l'Intendance, de la Salle de Spectacle, &c.

la rendre moins difforme, plus supportable. Metz: Bâti-
Ce n'est point qu'il n'y ait quelques belles mens mili-
rues & nombre d'édifices & bâtimens d'un ces publi-
certain mérite : mais le goût de construction ques, Egli-
dans la masse dominante, a quelque chose ses, Salle
de pénible, de repoussant : Il faut cepen- cle
dant convenir, qu'à fur & à mesure que
les maisons se rebâtissent, on leur donne
un meilleur caractère.

Tous les bâtimens construits par le Roi
& qui restent à sa charge, ont ici un degré
de mérite peu commun. On doit voir l'*Arsenal* & ses dépendances; l'*Hôpital Militaire*; les Corps de *Cazernes* (*) pour la
Cavalerie, pour l'Infanterie; les *Pavillons
des Officiers*; le *Gouvernement*; l'*Intendance*; les *Logemens* de l'Etat-Major, &c.
Les *Palais* des différentes Cours de Justice;
celui de l'*Evêché*, & quelques Hôtels de
particuliers : Le nombre de ces derniers est
peu considérable.

Les *Places Publiques* ne sont ici ni vastes, ni fort décorées; celle de *St. Jacques*
est la plus considérable : La plus régulière,
est celle de l'*Intendance* qui communique
avec la place sur laquelle est élevée la *Salle
de Spectacle* : Cette Salle est très-bien, elle
fait honneur à la Ville.

La *Cathédrale* (édifice gothique) étonne

(*) Celles dites de *Coislin*, doivent leur érection
à la munificence de l'Evêque de ce nom, Titulaire de Metz : Elles sont belles, mais beaucoup
moins vastes, moins bien distribuées que celles
de *Chambières*, de *Moselle*, &c.

H vj

Metz: Fortifications Citadelle. — moins par son étendue, qui est assez médiocre, que par l'extrême légèreté (on pourroit même dire la hardiesse), de sa construction. La *Flèche* pyramide parfaitement bien; on lui donne au-delà de trois cents pieds de hauteur. L'Escalier par lequel on parvient à la Lanterne & au-dessus, est un chef-d'œuvre.

Les *Fortifications* qui défendent Metz, sont regardées comme le plus grand effort de l'art: Elles jouissent assez unanimement de cette haute réputation (*). La *double Couronne de Moselle*, & sur-tout celle de *Ste. Croix*, sont, on ne peut pas plus savantes & plus meurtrières. La *Citadelle*

(*) Quand on compare le peu qui reste des anciennes défenses, avec celles ajoutées depuis, c'est alors que l'on peut seulement juger combien l'art s'est successivement perfectionné... Les retranchemens de *Guise* (ainsi nommés du Duc de ce nom qui les fit élever lors du célèbre siége mis infructueusement devant cette place par l'Empereur *Charles V*, l'an 1552) sont, quant à la position, quant à la forme, tels à peu près qu'ils étoient il y a deux siècles. Si, comme on l'assure, Charles-Quint ne put avec cent mille hommes forcer cette place, quel nombre d'assaillans demanderoit-elle aujourd'hui, que son enceinte est plus que sextuplée dans l'étendue qu'elle occupoit alors? Mais à cette époque, & long-temps même après, l'artillerie étoit rare, de petit calibre & mal servie. Au reste, si le projet d'un siége de Metz (dans son état actuel) exige une armée considérable; sa défense demande également des forces supérieures, & 40 mille hommes, peut-être, ne seroient point de trop.

commande assez médiocrement la Ville ; on lui reproche d'ailleurs le même défaut qu'à celle de Strasbourg, celui d'être trop peu vaste. La difficulté de ses approches, ne se vaincroit pas facilement ; on peut inonder & faire refluer les eaux à une très-grande distance du corps de la place. *Promenades, & Route de Metz à Luxembourg.*

Nous passerons rapidement sur les *Promenades* intérieures ; on ne doit pas s'attendre d'en trouver de bien spacieuses : Elles sont proprement tenues ; mais assez peu fréquentées. Celle qui longe la Moselle & qui borde le chemin par lequel on arrive de Pont-à-Mousson, a beaucoup de mérite.

*** On *compte six postes & demie de Metz, à Luxembourg :* Le chemin est fréquemment montueux, & bon, sans être excellent : Les postes sont longues & mal montées.

THIONVILLE, éloignée de Metz de deux postes & demie, est située sur la rive gauche de *Moselle :* cette place est peu spacieuse, mais très-forte. La tête du Pont jeté sur la rivière seroit un morceau de dure digestion. Le bassin dans lequel cette Ville se développe, offre un coup d'œil riche & agréable.

Les quatre postes à faire d'ici à *Luxembourg*, paroîtront fort longues, parce que les chemins deviennent moins beaux & que le pays est souvent aride, pauvre & désert.

LUXEMBOURG (*), capitale du duché

(*) A *la Poste*, médiocre Auberge.

Luxembourg. de ce nom; l'une des plus fortes places de l'Europe. Elle est située partie sur la hauteur, & dans une sorte de plaine dans laquelle elle s'est successivement développée. *Louis XIV* qui s'en empara en 1684, en augmenta considérablement les fortifications; & les ouvrages qui subsistent de cette époque, sont encore les meilleurs qui ayent été faits : On y en a ajouté beaucoup depuis; & l'on ne cesse même d'y travailler. Lorsque nous y passâmes en 1777, on venoit de terminer de nouvelles casemates très-ingénieusement pratiquées dans l'intérieur du rocher (à l'épreuve de la bombe) & capables de contenir une batterie de 8 à 10 pièces. On en compte plus de vingt de cette espèce, & des souterrains d'un vaste qui étonne.

Le Front (dit) de *Notre-Dame*, est formidable. Le sol, dans toute cette partie, à la plus longue portée du canon, est exactement de pur roc, tellement pelé, tellement sec & découvert, que l'œil n'y apperçoit pas la plus petite touffe d'herbe.

Les Villes haute & basse, proprement dites, sont d'ailleurs peu vastes; & assez tristement bâties. Le mouvement que l'on y remarque, a son principe, moins dans le commerce qui se réduit à peu de chose, que dans le continuel flux & reflux de la garnison qui y est toujours fort nombreuse.

Route de Luxembourg à Liége. *** On paye *16 postes de Luxembourg à Liége*, & elles ne sont point courtes. Comme il n'est guères possible, pour peu que l'on

soit chargé de bagage, de paſſer d'une ſeule *Château de Seraing.*
traite de l'un à l'autre de ces points ;
nous conſeillons de faire ſes diſpoſitions de
manière à ſe rendre de Luxembourg à
MARCHE (*), gros Bourg diſtant de
onze poſtes : aucune des Stations intermé-
diaires n'offre une Auberge ſupportable.
Cette route quoiqu'aſſez bien tenue, n'eſt
rien moins qu'agréable : les poſtillons ſont
lents & mal-adroits. Cette partie des *Ar-
dennes* que le chemin fait traverſer, peine,
fatigue long-temps la vue : le pays devient
plus peuplé un peu avant *Marche* ; & ,
graduellement très-beau à fur & à meſure
que l'on approche du territoire de Liége.

ON *paſſe* la Meuſe *dans un bac* au pied
des murs de SERAING, Château de plaiſance du Prince-Evêque de Liége. Les poſtillons (pour avoir occaſion de s'arrêter)
vantent beaucoup ce Château ; la vérité
eſt, que tout y eſt aſſez ordinaire : Cependant nous invitons les vrais curieux à jeter
un coup d'œil ſur les maſſes de ce bâtiment,
qui offre aſſurément des parties bien traitées.
Les appartemens ſont vaſtes & noblement
meublés ; les jardins (très-ſpacieux) ſont
d'une belle diſtribution, ornés avec goût,
& parfaitement bien ſoignés ; les écuries ſont
très-belles, &c.

(*) A *la Poſte*, où s'arrêtent pluſieurs Dili-
gences, qui, communément eſt bien approviſion-
née & les logemens paſſablement honnêtes.

Liége. *** On compte de Seraing à Liége une lieue & demie : cette route eft délicieufe; on ne peut pas voir une plus riche, une plus belle campagne.

LIÉGE (*), capitale de l'Evêché de ce nom, dont l'Evêque & Prince eft Souverain; avec néanmoins quelques réferves, qui donnent à ce petit, mais très-floriffant état, une conftitution prefque républicaine. Cette Ville fe glorifie d'une très-haute antiquité : nous la félicitons bien plus de la douceur de fon gouvernement, de la fertilité, de la richeffe de fon terroir, & de l'aifance qui la caractérife. Liége acquiert journellement un nouveau luftre; les rues fe redreffent & s'élargiffent, & de très-belles maifons s'y élèvent de toute part, les Places publiques fe rectifient & fe décorent fatisfaifamment. ,, L'érection d'une *Académie*
,, *d'Etude & des Langues;* celle de *Deffein*
,, *& de Peinture;* & celle enfin de la *Société*
,, *patriotique d'Emulation*..... font des mo-
,, numens de l'amour pour les Arts du Prince
,, actuellement régnant ,,.

La Principauté de Liége (**) a environ

(*) A *l'Hôtel de Flandre.* — A *l'Aigle noir.* — A *la Cour de Londres* — A *l'Agneau* : très-bonnes Auberges, & toutes quatre bien fituées.

(**) Les articles *Liége* & *Spa* que nous avions d'abord préparés, n'embraffoient point les détails intéreffans que ceux que nous leur fubftituons préfentent à nos lecteurs : nous les empruntons du *Dictionnaire univerfel des Sciences, Morale,*

quarante lieues de longueur, sur une largeur Liége. fort inégale. La Meuse & la Sambre sont les deux principales rivières qui l'arrosent. Plusieurs autres moins considérables ne contribuent pas peu à sa fertilité, sa richesse & son agrément.

Son sol est très-varié : ici des montagnes, des forêts ; là des terres sablonneuses & des pâturages très-gras ; ailleurs des terrains très-fertiles en grains, de toute espèce, en houblons, dont on fait une bière excellente, boisson renommée du pays : en toutes sortes de fruits, de légumes, de végétaux, de venaison, qui fournissent amplement & le nécessaire, & le superflu de la vie.

Les mines de fer & de charbon de terre, ou *houille*, y sont plus abondantes & plus exploitées qu'en aucun lieu de l'univers.

On y trouve de l'alun en grande quantité, de la couperose, du cuivre, de l'étain, du plomb ; beaucoup de chaux, des ardoises, des pierres à bâtir, des marbres très-beaux de toute espèce ; les matières propres à faire de la fayence, de la porcelaine, &c.

Ses eaux minérales, ferrugineuses, & les plus spiritueuses qu'on connoisse, ont & méritent la plus grande vogue : celles de Spa, sur-tout, sont vantées, pour ainsi dire, dans les quatre parties du monde. El-

---

Economique, Politique & Diplomatique, &c, par M. Robinet, 30 vol. in-4to. ; ouvrage d'un vrai mérite, & dont les rédacteurs ne peuvent être trop loués

Liége. les forment, à leur fource, dans un endroit champêtre & délicieux, un point de réunion pour toutes les nations. La célébrité de Spa eft aujourd'hui devenue telle, qu'on y voit tous les ans, un concours de perfonnages les plus diftingués de l'Europe, fans en excepter les têtes couronnées.

Entre les anciennes manufactures de ce pays, celles des armes, des cloux, des cuirs, ont, malgré la concurrence de pareils établiffemens qui fe font formés ailleurs, toujours confervé, & confervent encore la réputation univerfelle, & les effets d'une fupériorité éminente.

Ses autres principales fabriques font celles de draps (les draps de Vervier approchent aujourd'hui de la perfection de ceux de France, d'Angleterre & de Hollande) de ferges, d'ouvrages en fer, en acier, en quincailleries, mors, éperons, &c.

Les forges, les fenderies & fonderies; les ufines de toute efpèce; ainfi que les houillères, les alunières, les carrières, y font très-multipliées, & occupent un nombre infini de travailleurs. Il s'y trouve auffi des verreries, des favonneries, des vitriolières, des papeteries, une fayencerie naiflante, &c.

La plupart de ces objets paflent en commerce d'exportation confidérable.

Le terroir donne peu de vin; mais la ville de Liége eft devenue l'un des premiers entrepôts du commerce des vins étrangers, fur-tout des vins François, de Bourgogne, de Champagne, de Bar; & cette partie y eft très-floriflante.

Toutes les marchandifes ou denrées étran- *Liége.*
gères, qui entrent dans le pays ou qui le
traverfent, y payent le foixantième : il y
a quelques autres droits fur la confomma-
tion intérieure des vins, bières, eaux-de-
vie, tabac, fel, fucre, &c. & ce font les
feuls impôts que payent les habitans ; leurs
fonds étant libres, & n'étant aſſujettis qu'à
l'acquittement des tailles proportionnelles
des communautés, lorfque les charges & be-
foins particuliers de celles-ci l'exigent.

La Ville de Liége, capitale du pays, eſt
très-ancienne ; & quelques-uns ont cru,
que fes fondemens furent jetés par cet Am-
biorix, prince Gaulois, de qui Céfar fait
mention dans fes commentaires. Elle eſt
fituée dans une agréable vallée, environnée de belles montagnes, que divers vallons
féparent avec des prairies, & où ferpentent
les petites rivières d'Emblèves, de Vefdre
& d'Ourte, qui fe déchargent dans la Meu-
fe, avant que ce fleuve entre dans la ville.
Cette fituation offre des points de vue très-
variés, & des perfpectives admirables. Liége
eſt grand, infiniment commerçant & peuplé : on compte plus de cent mille ames
dans la ville & les faubourgs. Les édifices
& lieux publics, comme le Palais du Prince-
Evêque (*); l'Hôtel des Etats ; l'Hôtel-

(*) Une partie fut confumée par les flammes
en 1734, & il eſt permis aux amateurs des Arts
de peu regretter cette perte (ce qui fubfifte de
l'ancienne ordonnance de ce bâtiment étant aſſurément d'un mérite moins que médiocre); la nou-

Liége. de-ville (*); *les Fontaines* (**); les Egli-

velle façade pourroit être mieux; elle eſt néanmoins d'un aſſez bel effet : nous obſerverons que le fût des colonnes employées à ce morceau de décoration eſt d'une ſeule & unique pièce.

(*) Ce bâtiment ſitué ſur la grande Place, en impoſe au premier coup d'œil, par un certain ton de grandeur qu'on ne peut lui refuſer; mais les connoiſſeurs s'affligent de l'eſpèce d'attique qui y eſt employé, ainſi que du lourd fronton qui le couronne, & au ſommet duquel eſt placé (on ne ſauroit plus mal adroitement) le buſte de ſaint Lambert!... Nous croyons qu'une baluſtrade un peu ornée, ou même un ſimple ſocle, euſſent infiniment mieux fait : la façade oppoſée, eſt d'un meilleur genre.

(**) Celle élevée à peu près au centre de la grande Place, mérite une attention particulière; elle eſt conſtruite toute de marbre; le plan (nous l'avouons), n'en eſt pas abſolument heureux, mais elle pyramide bien, & elle eſt couronnée par un très-joli groupe des trois Grâces (imité de l'antique), par *Delcourt*, Statuaire de beaucoup de mérite.

L'Architecture de la *Fontaine ſaint Jean*, eſt mauvaiſe, dans toute la plénitude de l'expreſſion; mais le ſaint Jean dont elle eſt ſurmontée, eſt une excellente choſe : c'eſt dommage qu'un luxe mal-entendu ait pu déterminer à faire dorer ce beau morceau ; cette opération (qui ne peut flatter que l'œil du vulgaire) lui fait inconteſtablement du tort.

La *Fontaine* élevée ſur la Place *St. Paul*, eſt d'une compoſition plus animée, plus ſpirituelle; la Vierge eſt joliment traitée, & ſéduit d'abord ſans être néanmoins d'un deſſein des plus correct : c'eſt ici, le monument de ce genre qui nous a le plus flatté.

ses (*) ; les Monastères ; les Ponts (**), y Liége.

(*) Elles sont ici dans un nombre qui étonne. Si l'on se plait à voir des vaisseaux communément peu vastes, mais tenus dans la plus grande propreté, on peut parcourir la *Cathédrale* de St. Lambert; les Collégiales de *St. Martin*, *St. Pierre*, *St. Jean*, *St. Barthélemi* ; les Eglises de *St. Jacques*, des *Dominicains*, les *Chartreux*, &c. &c. On retrouve dans les Eglises que nous indiquons, presque tout le luxe de celles d'Italie; mais elles ne sont point, comme elles, enrichies des chef-d'œuvres des Arts : Nous n'avons remarqué qu'un seul *morceau de Sculpture*, & trois ou quatre *Tableaux d'un certain mérite*. Le premier repose dans la petite *Eglise des Bons-Enfans* : C'est un Christ au tombeau traité en marbre & de l'exécution de *Delcourt*, le travail est un peu sec, un peu trop léché, mais l'ensemble en est beau, & le caractère de la tête digne de beaucoup d'éloge. Nous n'indiquerons ici que deux Tableaux peints par *Lairesse* ; nous les avons vus assez long-temps exposés dans une des Salles du Palais du Prince : celui qui représente la Conversion de St. Paul, est d'une vraie beauté ; son pendant est aussi très-beau ; tous deux sont grandement & chaudement traités, très-purs de dessein ; & composés & coloriés dans la manière de *Paul Veronese*, que Lairesse a visiblement pris pour modèle. Ces deux beaux Tableaux appartiennent à une Maison religieuse située dans le voisinage de la Fontaine St. Jean ; les Dames propriétaires cherchoient à s'en défaire, lorsque nous les examinâmes. Le Tableau du grand-Autel de la Cathédrale est également de Lairesse ; mais une main barbare a osé le retoucher, y mettre un fond, &c... en sorte que ce beau Tableau n'est proprement plus celui de ce maître ; il est devenu très-médiocre.

(**) Le Pont qui traverse la Meuse, est d'une

Liége. font très-beaux : mais fur-tout les Quais & les Promenades (*) y font magnifiques. Il y a grand nombre d'Abbayes, de Couvens, de Maifons religieufes & d'Hôpitaux, trente-deux Paroiffes, & fept Eglifes Collégiales. La Cathédrale, dédiée à faint Lambert, patron du pays, eft célèbre par fon grand Chapitre, l'un des plus nombreux & des plus illuftres du monde chrétien. Son origine remonte au delà du neuvième fiècle; il eft compofé de foixante Chanoines-tréfonciers; tous gentilshommes, ou gradués de quelque univerfité; entre lefquels fe trouvent des princes, & des perfonnes de la plus grande qualité. Cinq Papes, favoir, Etienne X, Nicolas II, Urbain IV, Grégoire X & Clément VI, ont été tirés du fein de ce chapitre; lequel a auffi produit fucceffive-

---

très-belle conftruction. On devroit jeter bas une mauvaife Tour carrée, élevée dans fon origine pour en défendre le paffage; rien n'eft plus gaulois & plus pitoyable.

(*) Celle (dite) *Coronmeufe*, eft certainement unique en Europe; du moins n'en connoiffons-nous point de plus belle, ni qui donne une vue plus riche, plus agréable, plus variée : en général les environs de Liége font délicieux, fort peuplés, & parfaitement bien cultivés.

On ne manque point d'indiquer aux Etrangers, comme une curiofité du pays, la *Citadelle*; mais depuis la conquête qu'en fit le *Duc de Malborough*, qui la détruifit prefque de fond en comble, les fortifications n'en ont été qu'en partie reftaurées : Nous n'en faifons mention ici, que pour la *très-belle vue* dont elle fait jouir.

ment une infinité de cardinaux, de prélats, Liége.
& un nombre prodigieux de grands hommes.

L'Eglise de Liége obtint par donations
des anciens Rois d'Austrasie, des Empereurs
& d'autres, ses possessions & territoires actuels. Les droits régaliens, utiles & honorifiques, y attachés, sont, à la mort de
l'Evêque-Prince, dévolus au Chapitre Cathédral, qui les exerce, jusqu'à ce qu'il
ait élu un successeur, & que l'élection ait
été confirmée par le saint Siége.

La loi fondamentale du pays n'y admet
d'autre religion que la catholique. Le gouvernement, analogue à celui de l'empire,
tient le milieu entre le monarchique &
l'aristocratique. L'Evêque-Prince a son domaine, appelé la Mense Episcopale. Ce
Prince étant élu par le grand Chapitre &
confirmé par le saint Père, demande & reçoit seul les investitures de l'Empereur :
alors il est revêtu de toute l'autorité requise, pour régir en souverain ; mais avec
les limitations, que prescrivent l'ancienne
constitution & les traités, qu'on nomme les
Paix du Pays. Par exemple, quoiqu'il ait,
dans son Conseil-privé & de régence, le
gouvernement de toute la police ; qu'il y
exerce une autorité fort étendue, & qu'il
y porte toutes sortes d'ordonnances, d'édits
& de réglemens, prenant quelquefois l'avis
de son Chapitre dans certaines matières graves ; il ne peut néanmoins toucher à l'ancienne législation, ni faire des lois nouvelles
autres que de police, ni établir des impôts,
ni faire la guerre, ou des alliances offensives

Liége. & défensives, sans le concours des trois Etats du pays.

Le Clergé-primaire, qui n'est composé que des seuls Chanoines-Tréfonciers de la Cathédrale, constitue le premier corps des Etats. Le second est formé de la première noblesse, & on l'appelle l'Etat-noble: il faut, pour y être admis, faire preuve de noblesse chapitrale. Le troisième Etat, qu'on nomme l'Etat-tiers, est composé des Bourgmestres de la ville capitale de Liége, & de ceux des villes du pays, au nombre de vingt-deux; savoir, Huy, Dinant, Ciney, Fosse, Thuin, Châtelet, Couvin, Visé, Waremme, Vervier, Saint-Trond, Hasselt, Tongres, Looz, Bilsen, Brée, Peer, Hamont, Beringhen, Stockhem, Maseyck, Herck.

Ces corps d'Etats ont des députés, établis & permanens à Liége, pour l'administration des affaires ordinaires. Ils règlent & décident, sans forme de procès & à l'exclusion de tout autre juge, les difficultés & contestations, qui se présentent relativement aux impôts, subsides & deniers publics. On ne peut appeler qu'aux Etats en corps de leurs jugemens, lesquels sont exécutés par provision.

Le Prince a, seul, le droit de convoquer ses Etats, & il le fait lorsqu'il le juge à propos, selon que les affaires graves & publiques, ou la nécessité de quelque imposition-générale l'exigent. Lorsque les résolutions des corps sont uniformes, le Prince, auquel elles sont présentées, avec supplication

tion de les agréer & d'y donner la sanction, les fait rédiger, en son Conseil-privé, & publier sous son nom, par un édit ou mandement, qu'on nomme *Exécutoire* : alors il en résulte une loi, appelée *du Sens du pays*, & qui doit, en conséquence, être exécutée universellement.

Tout ce qui regarde l'exercice de la souveraineté, les droits, les régaux du Prince, les négociations avec les Cours étrangères, ou leurs Ministres, la police, les jurisdictions du pays, est traité au Conseil-privé : il est proprement ce que sont ailleurs les Conseils d'Etat. Son autorité, ainsi que celle des différens Tribunaux, dérive du Prince, & c'est toujours en son nom, que ce Conseil décide & ordonne. Ses arrêts en matière de police, de tailles, d'arts & de métiers, &c., sont souverains & sans appel. Il a aussi le commandement des armes, droit que le Prince exerce par ses hauts-Officiers, tant dans la capitale que dans tout le pays, divisé en Bailliages, lesquels Bailliages forment chacun un régiment, composé des sujets du district. Ces hauts-Officiers, dès qu'ils sont nommés par le Prince, qui en a seul le droit, prêtent dans le Conseil-privé, comme aussi dans le Chapitre-Cathédral, serment de fidélité au Prince & à son Eglise. C'est le même serment que passent presque tous les gens en place. Le Conseil-privé est composé de Chanoines-Tréfonciers, & d'autres sujets séculiers distingués ; tous choisis, nommés & établis par le Prince. Le Chancelier, que le Prince, d'après sa

Liége. capitulation, nomme toujours de fon Chapitre, & lequel l'on confidère comme le Miniftre né du Prince & du pays, préfide ce confeil. Tout ce qui en émane doit être validé par la vidimation de ce chef, ou de celui qui le repréfente.

La Chambre des Comptes ou des Finances traite & règle définitivement les affaires, qui concernent la Menfe Epifcopale, & les revenus du Prince. Elle eft compofée, auffi, d'un Préfident, de Chanoines-Tréfonciers, & de fujets féculiers; tous pareillement au choix & à la nomination du Prince.

Le Magiftrat de la Ville & Cité de Liége (créé & renouvellé chaque année, moitié par le Prince, & moitié par la généralité de la Ville), eft compofé de deux Bourgmeftres & de vingt Confeillers. Leurs fonctions font de diriger les affaires de la ville, & d'en adminiftrer les deniers publics, comme auffi d'exercer certaine police & jurifdiction; le tout cependant d'une manière fubordonnée au Prince. Les membres de ce Magiftrat doivent être choifis hors de la généralité, repréfentée par feize corps, appelés Chambres, de trente-huit perfonnes chacun, & dans lefquels corps fe trouvent compris, en différentes claffes, les repréfentans de tous les ordres des citoyens laïques, depuis la nobleffe jufqu'inclus l'artifan. Ces feize Chambres ne peuvent être affemblées que par ordre ou permiffion du Prince. Elles ont droit de délibérer & réfoudre dans les affaires effentielles de la ville, & fur-tout dans les cas d'impofitions. Le Magiftrat leur présente, chaque année, le bilan des dettes actives & passives de la ville, avec les comptes de son administration, lesquels sont ensuite rendus & arrêtés au Conseil-privé, devant des Députés du Prince. Le renouvellement de la Magistrature se fait avec beaucoup d'appareil & d'éclat : c'est pour le peuple un jour de solemnité. Le Consulat de cette capitale fut, de tout temps, une place considérable & très-briguée. La forme actuelle d'élection, à laquelle président des Commissaires du Prince, subsiste depuis l'an 1684. Le Duc de Bavière Maximilien-Henri, pour lors Prince-Evêque de Liége, fut obligé d'employer la rigueur & la force pour soumettre son peuple. Quelques citoyens, & même un Bourgmestre, payèrent de leur tête la rébellion. Enfin, un sage réglement introduisit cette forme d'élection, qui, depuis, a été constamment observée, fixa les droits de la Magistrature & de la Bourgeoisie, & rétablit successivement la subordination & le bon ordre, qui fondent aujourd'hui l'heureuse tranquillité de cette capitale.

L'administration de la justice y est en mains de plusieurs tribunaux, tels que l'Officialité, qui connoît non seulement des causes Ecclésiastiques, mais aussi de toutes les affaires personnelles : les Echevins, qui, outre la jurisdiction en civil, exercent la partie criminelle souverainement & sans appel : le Conseil-Ordinaire, qui juge, en appel, des causes civiles, tant des Echevins, que d'autres tribunaux : la Cour Féo-

Liége. dale dont la jurifdiction s'étend fur tous les fiefs : la Cour Allodiale, qui connoît de ce qui concerne les biens allodiaux. Tous ces tribunaux, celui feul des Echevins excepté, à caufe de la criminalité, font compofés, en partie, de Chanoines de la Cathédrale.

Outre ces tribunaux ordinaires, il en eft un extraordinaire, lequel (fauf les abus inféparables des meilleures inftitutions) doit être regardé comme le boulevard des priviléges & libertés de la nation. Cette cour, établie par les anciennes Paix, & le Sens du pays, c'eft à dire, par le Prince & les Etats réunis, s'appelle le *tribunal des Vingt-Deux*, & eft compofée en effet de vingt-deux Perfonnes, tirées des trois corps des Etats, & par eux nommées. Sa jurifdiction s'exerce généralement fur tous ceux qui abufent de leur pouvoir, & qui commettent quelque excès contre la liberté & propriété des fujets. Le Prince en eft exempt; mais il ne peut en garantir, ni fes miniftres, ni fes Officiers. Les Eccléfiaftiques, pour autant qu'ils occupent quelque charge publique & laique, en dépendent pareillement. Le tribunal des Vingt-Deux fe renouvelle chaque année, & c'eft au Chapitre Cathédral que fes membres font admis & prêtent leur ferment. On appelle de fes fentences à un autre tribunal, nommé *les Etats Réviseurs des Vingt-Deux*. Celui-ci, compofé de quatorze Perfonnes, tirées auffi de chaque état, eft permanent, & fes jugemens font fouverains & fans appel.

L'évêché, qui, dans sa naissance, au com- LIÉ͠E.
mencement du quatrième siécle, fut à Tongres, puis à Mastricht, a été transféré à
Liége, en 711, par saint Hubert. Cet Evêque, successeur de saint Lambert, martyr,
fit ceindre la ville de murs, & y construire
des portes, y établit un gouvernement plus
ample, prescrivit des lois, fixa les poids &
mesures, &c. L'évêque Notger, élu en 971,
est regardé comme le second fondateur de
cette capitale. Pendant un règne de trentesept ans, il l'augmenta considérablement;
y introduisit le cours de la Meuse, l'enrichit d'édifices, de temples, de fondations;
agrandit la Cathédrale, le Palais Episcopal, &c. &c. Il protégea sur-tout les sciences
& les arts. Ce fut vers ce temps, que florissoient à Liége des écoles célèbres, que
l'on consultoit de toute part. L'empereur
Henri IV, persécuté par les armes de son
fils, & poursuivi par les foudres du Vatican,
fut à Liége & y trouve un asyle: le Clergé
le défend par une lettre au Pape Paschal II,
pleine de force, d'éloquence & de dignité:
enfin cet infortuné monarque meurt à Liége
le 7 août 1106. Le Pape Innocent II s'y
rendit l'an 1131: l'empereur Lothaire II
l'y avoit précédé. Le saint Père y tint, le 22
Mars, un concile, où il couronna cet Empereur dans l'Eglise de saint Lambert, &
rétablit Othon, Evêque d'Halberstadt. En
1226, au mois de Février, le légat Conrad
y célébra un autre concile, où l'on déposa
Thierry, Evêque de Munster, & Brunon,
Evêque d'Osnabruck, frères de Frédéric d'I-

Liége. sembourg, comme complices du meurtre de saint Engelbert.

Au reste, le pays de Liége fut souvent en proie aux guerres & aux divisions. Il souffrit beaucoup par les courses des Normands. Le Duc de Brabant prit la Ville le 3 Mai 1212, & la pilla durant six jours. L'élection des Evêques y causa de grands désordres vers le quinzième siècle. Jean de Bavière gouvernoit depuis long-temps cette Eglise, quoiqu'il ne fût pas prêtre. Les Liégeois prirent les armes. Jean, Duc de Bourgogne, vint au secours de l'Evêque, défit les Liégeois, à la bataille d'Othée en 1408, & entra ensuite dans la ville, où il fit précipiter dans la Meuse les principaux révoltés. La ville se rétablit. Charles, Duc de Bourgogne, dit *le Téméraire*, la prit encore l'an 1468, & ses soldats y firent des ravages incroyables. Les différens des Liégeois avec leur Prince, dans le dix-septième siècle, sont assez connus : l'époque & le réglement de 1684, dont on a parlé ci-dessus, y mirent fin. Les François bombardèrent cette capitale en 1691. Ils s'en emparèrent en 1701. Les alliés la reprirent en 1702 : soumise alors à une régence impériale jusqu'en 1714, elle fut rendue par le traité de Bade, à son Prince-Evêque, le Duc Joseph-Clément de Bavière.

Quoique le pays de Liége n'eût jamais cessé d'être un membre essentiel de l'empire, néanmoins quelques opinions contraires s'étant répandues, cet état fut contraint, par l'Empereur & la diète, de réaccéder formellement au cercle de Westphalie, comme il l'a fait par acte du 14 Décembre 1716, sous diverses conditions; celles entr'autres, qu'attendu les pertes qu'il avoit faites, de plusieurs parties de territoire, son contingent seroit diminué d'un tiers à la matricule de l'empire.

Pierre premier, surnommé le Grand, czar de Moscovie, après avoir beaucoup voyagé, arriva, en 1717, de France à Liége, où il fut reçu avec éclat & magnificence. Ce monarque y vit ce qu'il y avoit de plus remarquable, & observa sur-tout, avec attention, les houillères, & leurs machines. De là il se rendit à Spa, où il prit les Eaux pendant six semaines, & recouvra une santé parfaite.

Le pays de Liége a fourni de grands-hommes dans tous les genres, mais sur-tout de célèbres artistes, Peintres, Graveurs, Sculpteurs, Méchaniciens, Musiciens. C'est la patrie des Van Eyck, Lombart, de Bry, Lampson, Valdor, Douffeit, Varin, Natalis, Bertholet, Delcourt, Damery, Lairesse, Carlier, Duvivier, Dumarteau, & de tant d'autres. C'est aussi la patrie de Renkin, inventeur de la fameuse machine de Marly.

En 1772, il fut conclu, entre le royaume de France & la principauté de Liége, un traité d'échanges, de limites & de commerce, lequel a été confirmé par l'empereur & la diete de l'empire les 25 Avril & 11 Mai 1774.

Excursion de Liége à Aix-la-Chapelle & à Spa.

*** On compte deux postes & demie de Liége à Aix; la route est par-tout belle, excepté aux environs d'AIX (*) : cette Ville (célèbre par ses Eaux minérales & par les deux traités de paix qui y furent conclus en 1666 & 1748), est située dans une vallée peu vaste, mais agréable, & entourée de montagnes assez élevées : elle se qualifie de Cité libre (**), & se regarde comme tenant le premier rang entre les Villes Impériales. Son territoire est très-borné; il n'a guères plus d'étendue que la portée du canon, à partir du pied de ses remparts; seules fortifications qui la défendent. L'ancienne & nouvelle villes, occupent un terrain assez considérable : l'une & l'autre offrent plusieurs édifices recommandables ; tels que l'*Eglise Notre-Dame*, dans laquelle reposent les cendres d'OTHON III, & de CHARLEMAGNE (***). L'*Hôtel-de-ville*; le *Col-*

(*) Chez *Dubigh*, très-bonne Auberge.

(**) Elle est gouvernée par une régence ou Magistrat, sous la protection immédiate de l'Empire; elle fait partie (ainsi que Liége) du cercle de Westphalie. Son antiquité n'est point équivoque; elle produit ses preuves qui remontent jusques vers le règne d'Adrien, environ l'an 124 de l'ère chrétienne. Charlemagne, charmé (dit-on) de la beauté du lieu, le choisit pour être le siége de son Empire.

(***) On conserve dans le Trésor de la Cathédrale le Livre d'Evangile, le Beaudrier & l'Epée de cet Empereur, qui servent encore au couronnement du Roi des Romains lorsqu'il a lieu.

Spa. attirent chaque année un concours prodigieux d'Etrangers, & des plus illustres Personnages de toutes les contrées de l'Europe.

modeste. L'accroissement considérable que ce joli Bourg a pris depuis une vingtaine d'années, est à peine concevable! La Redoute, dans laquelle se trouve la Salle de Comédie; le Vaux-Hall, beaucoup de beautés locales de situation; des agrémens, des embellissemens ajoutés pour le commun avantage de la société.... & la plus grande liberté, semblent justifier l'affluence que nous y avons vu régner ces dernières années. Au reste, on doit convenir que de tous les lieux du genre de celui-ci (BATH *excepté*), Spa, est véritablement le plus attirant : 1° Par sa situation en pays libre & à portée des différentes nations qui s'y réunissent : 2° Par l'abondance, par la bonne qualité des comestibles & denrées de toutes les espèces : 3° Parce que la vertu donnée (& bien reconnue) de ses eaux, s'étend également sur les maladies férieuses & peu graves. Le spectacle qu'elles peuvent offrir, n'en est néanmoins ni triste, ni repoussant ; car le concours des riches désœuvrés, des bien-portans enfin, y est toujours le plus nombreux, ou, pour mieux dire, il s'y trouve absolument dominant.

Nous avons excepté plus haut, *Bath* de la comparaison, & nous nous persuadons que ceux qui connoissent à fond l'un & l'autre, seront à cet égard de notre sentiment. Il est peu de villes en Europe qui méritent autant d'être vues que Bath; peu réunissent un plus grand nombre d'édifices élégans & somptueux. Le *Cirque*, est très-bien traité; le *Crescent* sans être d'un dessein bien pur dans ses proportions, fait néanmoins un bel effet; il a incontestablement le premier coup d'œil pour lui : en général Bath, est parfaitement bien bâtie, & ses environs sont très-riches & très-beaux.

Les chemins que l'on a ouverts depuis peu Spa. pour en rendre l'abord fûr & commode, & pour communiquer aux différentes Fontaines ; la Redoute, la Salle des Spectacles & le Vaux-Hall, édifices fuperbes qu'on y a conftruits nouvellement ; les promenades agréables qu'on a ménagées, dans tous les endroits qui en étoient fufceptibles, ont augmenté depuis quelques années, le nombre des Etrangers : ils paroiffent aujourd'hui s'y réunir, autant pour les plaifirs que pour la falubrité des eaux.

Les Sources principales de Spa font, le Pouxhon, qui eft dans le bourg même ; la Géronftère & la Sauvenière, qui en font éloignées de trois quarts de lieue ; on tranfporte les eaux du Pouxhon jufqu'en Ruffie, & elles font un objet de commerce affez confidérable : celles des autres fontaines s'évaporent, & ne font pas tranfportables.

La plupart des habitans font toutes fortes de jolis ouvrages en bois peints & vernis.

On a vu autrefois en différens temps, & l'on voit, prefque chaque année, plufieurs Rois & Princes fouverains venir à Spa y prendre les eaux. Marguérite de Valois, Reine de France & de Navarre, fille de Henri II, fœur de Henri III, & femme de Henri IV, y eft venue en 1577. Henri III, Roi de France & de Pologne, eft venu les boire en 1585. Le fameux Alexandre Farnefe, Duc de Parme, s'y eft trouvé en 1591. Charles II, Roi d'Angleterre, le Roi de Danemarck, la Reine de Suède, le Grand-Duc de Tofcane & plufieurs autres

Spa. Princes, y ont laiſſé des marques de leur li-
béralité & leurs armes en mémoire du re-
couvrement de leur ſanté. Ce qui ne fait
peut-être pas moins d'honneur à Spa, ſont
les ſauve-gardes qui lui ont été accordées
par pluſieurs Princes, & que l'on conſerve
précieuſement dans les archives. On en voit
de Maurice, Prince d'Orange, comte de
Naſſau, de l'an 1622; de l'Infante Iſabel-
le, Ducheſſe de Brabant, de l'an 1623;
de Louis XIII, Roi de France en 1639;
de Louis XIV en 1651, 1673 & 1689; de
l'Archiduc d'Autriche, Gouverneur-géné-
ral des Pays-Bas en 1651; de Guillaume-
Henri, Prince d'Orange en 1672; de Léo-
pold, Empereur en 1673; de Charles VI,
Empereur dans la dernière guerre de 1737,
& de Charles, Duc de Lorraine en 1651, &
1673, & de pluſieurs autres ſouverains & de
leurs Généraux, qui ont toujours accordé
leur protection à ce Bourg pour aſſurer la
tranquillité & la ſûreté des Etrangers qui y
accourent de toutes les parties de l'Europe.

Pierre-le-Grand, Empereur de toutes les
Ruſſies, étant venu à Spa en 1717, fit poſer au Pouxhon, en mémoire du rétabliſ-
ſement de ſa ſanté, l'Inſcription que nous
donnons ici en note (*).

(*) *Petrus primus, Dei gratiâ, Ruſſorum Im-
perator pius, felix, invictus, apud ſuos militaris
diſciplinæ reſtitutor, ſcientiarum omnium, artium-
que protoſator, validiſſimâ bellicarum navium,
proprio marte conſtructâ claſſe, auctis ultra finem exer-
citibus ſuis, ditionibus tam avitis quàm bello par-
tis inter ipſos Bellonæ flammas in tuto poſitis, ad*

Le Roi de Prusse, les Princes ses frères, le Roi de Suède, l'Empereur, le Grand-duc & la Grande-duchesse des Russies, & plusieurs autres souverains ont aussi laissé, dans ce Bourg fameux, des marques du séjour qu'ils y ont fait.

Chaufontaine.

Les habitans de Spa sont admis à la Bourgeoisie de Liége; cette prérogative leur est commune avec tout le peuple du marquisat de Franchimont.

⁎ On compte trois postes de *Spa*, à *Liége*; le chemin est beau & donne une suite de paysages on ne peut pas plus agréables & plus variés. On peut faire ses conventions en partant de Spa ou de Liége, pour être conduit à CHAUFONTAINE: ce détour est d'environ une lieue. Ces *Eaux thermales* ont (sur les lieux) beaucoup de réputation; on leur attribue même des miracles: on y voit quelquefois du monde, & c'est une des jolies promenades de Liége. Le *Bâtiment des Bains* (*), est sans préten-

---

exteras se convertit, variarumque per Europam gentium lustratis moribus per Galliam ad Namurcum atque Leodium has ad Spadanas aquas tanquam ad salutis portum pervenit, saluberrimisque præsertim Geronsterici fontis feliciter potis, pristino robori, optatæque incolumitati restitutus fuit anno M. D. C. C. XVII, die XXII Julii, revisit dein Batavis, aviumque ad imperium reversus, æternum hocce gratitudinis monumentum hic apponi præcepit anno M. D. C. C. XVIII.

(*) Les logemens y sont assez commodes &

Chaufon-taine. tion; on en remarquera davantage dans une *Fontaine* élevée près de ce bâtiment; c'est une des curiosités de Chaufontaine, dont la situation est, selon nous, charmante à une infinité d'égards : on ne peut certainement guères imaginer rien de plus champêtre ; c'est la nature ornée de ses grâces propres : plus on remonte ce délicieux vallon, plus les tableaux deviennent pittoresques, variés, heureux, intéressans.

Route de Liége à Bruxelles. **** ON paye dix postes & demie de Liége à Bruxelles : la route est par-tout très-belle & bien tenue : on traverse successivement *Saint-Trond, Tillemont,* & *Louvain.*

Louvain. LOUVAIN (*), est située sur la *Dyle;* son Université a joui long-temps de la plus haute réputation, & fait encore son plus

---

très-propres : la cuisine est bonne (& même recherchée lorsque l'on le désire, toujours bien approvisionnée, & le tout à un compte fort raisonnable.

(*) Louvain se glorifioit jusqu'en 1746, de n'avoir jamais été prise par les armes, quoique très-mal fortifiée. ,,Les Gueldrois furent obligés d'en lever le siége en 1542; le Prince d'Orange en 1572 ; les Hollandois & les François en 1635; les François en 1706. Le partisan *Dumoulin* & sa Troupe y entrèrent en 1710, par surprise; mais les Bourgeois les repoussèrent. C'est la patrie du célèbre Jurisconsulte *van Espen*, de Hennebel, &c. &c.''

grand luftre (*). L'Empereur *Arnoult* fit conftruire attenant les murailles de la ville une Citadelle vulgairement appelée le *Château de Céfar*, inhabité & ruiné depuis long-temps : ç'a été pendant plufieurs fiècles la demeure des Ducs de Brabant. *Henri I*, y a été affaffiné en 1038 ; *Thierry* Comte de Hollande, y fut détenu prifonnier l'an 1200 ; l'Empereur *Charles-Quint* y a été élevé avec les Princeffes fes fœurs vers l'an 1510, &c. &c. L'*Hôtel-de-ville*, eft un édifice gothique fur lequel on peut jeter en paffant les yeux ; la maffe générale n'eft pas abfolument indifférente. Le *Canal* qui fe porte d'ici fur Malines, eft peu de chofe ; il y règne une tranquillité qui n'annonce point entre ces deux Villes, une correfpondance mercantile bien active.

_{Louvain}

*** Le chemin de Louvain à Bruxelles, n'eft pas un des moins remarquables entre ceux qui enrichiffent & embelliffent les Pays-Bas Autrichiens : toute cette vafte plaine ne ceffe d'offrir le fpectacle le plus riche & le plus varié.

(*) On doit voir, lorfqu'on en a le temps, la Bibliothèque, le Cabinet d'Hiftoire Naturelle ; celui de Phyfique expérimentale, & particulièrement le Jardin Botanique, l'un des plus curieux & des mieux tenus que nous ayons vus dans le cours de nos voyages.

Nous voici revenu à peu près au point de notre premier départ, & c'est celui où nous terminerons ce voyage. Peut-être nos descriptions auront-elles paru à nos Lecteurs trop succinctes & nos jugemens trop sévères; peut-être auroient-ils défiré que nous nous fuffions tenu moins strictement à cet égard dans les bornes que nous avions cru devoir nous prescrire d'abord; & qu'en récapitulant les objets que nous indiquons comme vraiment rares, supérieurs, & les plus dignes d'éloges en tout genre, la somme (disons-nous) n'en paroisse infiniment moindre que celle donnée par les Voyageurs qui nous ont précédé. Nous avons pu nous tromper sans doute dans nos jugemens, & avoir omis des choses qui méritoient d'être indiquées à leur rang dans le cours de cet ouvrage: mais quel est le voyageur (même le plus actif & le plus curieux) qui peut se flatter d'avoir tout vu & bien vu? Au moins sommes-nous sûr de notre intention; assurément nos fautes sont involontaires. Quant à nos critiques, n'ayant pour but que la plus grande perfectibilité des Arts, & les aimant tous avec passion; à ces titres, elles doivent nous être permises: d'ailleurs, nous les croyons toutes motivées d'après les principes & les règles reçues: nous avons défiré d'être utile; c'est le seul motif qui nous a fait prendre la plume.

RÉCAPITULATION
DES ROUTES (*) INDIQUÉES DANS LE PRÉSENT VOYAGE.

PREMIER VOLUME.

		Postes.	Pages
Route de Calais à Bruxelles.	de Calais, à Dunkerque.	$4\frac{1}{2}$	1
	de Dunkerque, à Lille	9	3
	de Lille (**), à Menin	2	9
	de Menin, à Courtray	1	9
	de Courtray, à Vive St. Eloi	$1\frac{1}{2}$	
	de Vive St. Eloi, à Petheghem	$1\frac{1}{2}$	
	de Petheghem, à GAND	$1\frac{1}{2}$	10
	de Gand, à Quadregt	1	
	de Quadregt, à Aloft	$1\frac{1}{2}$	
	d'Aloft, à Afche	$1\frac{1}{2}$	
	d'Afche, à BRUXELLES	$1\frac{1}{2}$	
Route de Bruxelles à Amsterdam.	de Bruxelles, à Malines	$2\frac{1}{2}$	37
	de Malines, à Anvers	2	53
	d'Anvers, à Achterbroeck	$2\frac{1}{2}$	
	d'Achterbroeck, à Kruyftaet	$2\frac{1}{2}$	
	de Kruyftaet, au Moerdyck	2	
	du Moerdyck, à ROTERDAM		54

N. B. Nous avons fait ce trajet de deux manières: PAR TERRE, avec les *Calèches* du pays, très-cahotantes & très-rudes, & nous sommes restés *cinq* mortelles *heures* en route: ce chemin (qui ne cesse de suivre les digues & les

(*) Nous ne comprenons point dans cette récapitulation les diverses *Excursions* faites en France, en Brabant, en Hollande, en Savoye, dans le Faucigny, le Valais, &c. &c. suffisamment détaillées à leur place.

(**) *Voyez* le *N. B.* de la page 1ère. du I. Vol.

levées)", est détestable pour peu qu'il ait plu quelques heures de fuite. PAR EAU, au moyen d'un *yacht* sur lequel nous nous embarquâmes à Amsterdam: les vents qui nous devinrent contraires, firent que nous mîmes *sept heures* à faire ce trajet, qui communément n'en exige que quatre ou cinq.

		Temps en route.	Pages
de Roterdam, *à* la Haye	} Par Eau	2 heu	57
de la Haye, *à* Harlem		7	60
*d'*Harlem, *à* AMSTERDAM		2	63

Route d'Amsterdam, à Utrecht.

ON se rend *par eau* d'Amsterdam, à la Haye, & *l'on employe* communément *à faire ce trajet*. — 14 h.

	Postes.	
de la Haye, *à* Delft	1 ½	
de Delft, *à* Roterdam	3	
de Roterdam, *à* Gouda	4	
de Gouda, *à* Oudewater	1 ½	
*d'*Oudewater, *à* Montfort	2	
de Montfort, *à* Utrecht	4	72

Route d'Utrecht, à Bruxelles.

	Lieues.	
*d'*UTRECHT (*), *à* Vianem	2	
de Vianem, *à* Meerkirche	3	
de Meerkirche, *à* GORCUM (**)	2	
de GORCUM, *à* Duffel	1 ½	
de Duffel *à* Capel	2	
de Capel, *à* Donge	2	
de Donge, *à* BREDA	2	75

(*) Entre Utrecht & Vianem, *on passe le* LEECK *en bateau*; ce passage employe plus d'un quart d'heure.

(**) Entre Gorcum & Duffel, *on passe la Vieille* MEUSE *en bateau*: ce passage dure à peu près autant de temps que le précédent.

RÉCAPITULATION.

		Postes.	Pages
	de Breda, à Sundert.	2	
	de Sundert, à Anvers.	3	
	d'Anvers, à Malines.	2	
	de Malines, à Bruxelles.	2½	
	de Bruxelles, à Paris	34	75
de Paris à Nantes.	de Paris, à Orléans.	18	163
	d'Orléans, à Tours	17½	167
	de Tours, à Nantes.	25½	172
de Nantes à Brest.	de Nantes, à l'Orient	19	177
	de l'Orient, à Brest	15	178
de Brest à St. Malo & Nantes.	de Brest, à St. Malo.		180
	de St. Malo, à Rennes.	7½	182
	de Rennes, à Nantes.	11	186
de Nantes à Bordeaux.	de Nantes, à la Rochelle.		187
	de la Rochelle, à Rochefort.	3½	190
	de Rochefort, à Bordeaux.	13	195
de Bordeaux à Montpellier.	de Bordeaux, à Montauban.	24	202
	de Montauban, à Toulouse.	6½	203
	de Toulouse, à Montpellier.	30	204
de Montpellier à Nîmes.	de Montpellier, à Nîmes.	5	218
	de Nîmes, à Marseille.	25	233
. . . .	de Marseille, à Toulon.	7¼	249
de Toulon à Gènes, par le Col-du-Tende.	de Toulon, à Nice.	17½	252
	de Nice, à Coni.	11	253
	de Coni, à Asti.	8	255
	d'Asti, à Gênes.	12	255
. . . .	de Marseille, à Lyon; par Avignon, Valence, Pont St. Esprit.	42	256

		Postes.	Pages
. . . .	de Lyon (*), à Genève . . .	18½	278
. . . .	de Genève, à Turin . . .	28½	325

Second Volume.

		Postes.	Pages
Routes	de Turin, à Gênes	15½	41
	de Gênes, à Pise	18	69
	de Pise, à Florence	6	79
	de Florence, à Rome	22	126

Troisième Volume.

		Postes.	Pages
Routes	de Rome, à Naples	19	1
	de Naples, à Lorette	20½	115
	de Lorette, à Bologne	18	132
	de Bologne, à Venise	14	297

Quatrième Volume.

		Postes.	Pages
Routes	de Venise à Milan; par Vicence, Mantoue, Parme, Plaisance, &c.	26	
	de Milan, à Turin	10½	
	de Milan, à Berne, par le Mont St. Gothard	. . .	
	de Turin, à Genève (**) . . .	28½	

(*) Il faut se pourvoir ici, ou à *Genève*, d'une petite brochure qui a pour titre ; *Guide de Poste pour les Voyageurs d'Italie*, &c. Voyez la note de la page 42, second Volume.

(**) *Voyez* le Ier. vol. page 325, ainsi que pour le détail relatif au passage du *Mont-Cénis*.

RÉCAPITULATION.

		Lieues.	Pages
	de Genève, à Berne.	33	
	de Berne, à Schaffhouse.	38	
		Postes.	
	de Schaffhouse (*), à Bâle.	4	
	de Bâle, à Strasbourg.	14	
	de Strasbourg, à Nancy.	17	
	de Nancy, à Metz.	6	
	de Metz, à Luxembourg.	6½	
de Luxembourg à Liége.	de Luxembourg, à Steinfort.	2	
	de Steinfort, à Attert.	1½	
	d'Attert, d' Malmaison.	2	
	de Malmaison, à Flamisoul.	2	
	de Flamisoul, à Grinschamps.	1¾	
	de Grinschamps, à Marche.	2	
	de Marche, à Bonfin.	1¾	
	de Bonfin, à Nandrin.	1¼	
	de Nandrin, à LIÉGE.	2	
Route de Liége, à Aix-la-Chapelle.	de Liége, à Foron.	2	
	de Foron, à Aix-la-Chapelle.	1½	
d'Aix-la-Chapelle à Spa.	d'Aix-la-Chapelle, à Henri-Chapelle.	4	
	d'Henri-Chapelle, à Vervier.		
	de Vervier, à Theux.		
	de Theux, à Spa.		
de Spa à Liége.	de Spa, au Marteau.	3½	
	du Marteau, à Theux.		
	de Theux, à Lovegné.		
	de Lovegné, à LIÉGE.		

(*) Cette route, est la seule de toute la Suisse, où il se trouve *tellement quellement* des Chevaux de Postes: On paye leur service, sur le même pied que dans l'Empire, c'est à dire *un florin d'Allemagne* pour chaque cheval.

RÉCAPITULATION.

		Postes.	Pages
de Liége à Bruxelles.	*de* Liége, à St. Trond.	2 ½	
	de St. Trond, à Tirlemont	2	
	de Tillemont, à Louvain.	2	
	de Louvain, à Cortenberg.	1 ½	
	de Cortenberg, à Bruxelles.	1 ½	

PRIX
Des Chevaux de Postes.

En France.

Chaque Cheval de voiture ou de selle est payé *vingt-cinq sols* (*); on donne 15 ou 20 sols à chaque Postillon.

Dans les Pays-Bas Autrichiens.

On paye *trois escalins*, ou trois quarts de florin d'Allemagne, pour chaque Cheval.

Dans les États de Piémont.

Pour deux Chevaux de chaise. . . 4 l. } monnoye de Piémont.
Pour un Cheval de selle. . . . 2 l. } de Piémont.

Dans les États de Toscane.

Pour deux Chevaux de chaise. . . . Paoll. 8
Pour un de selle. 3

Dans les États du Pape.

Pour deux Chevaux de chaise. . . . 8
Pour un de selle. 3

(*) *Voyez* le *N. B.* placé au bas de la page 1ère du Ier Vol.

Dans les États du Roi de Naples.

Carlins.

Pour deux Chevaux de chaise. . . . | 11
Pour un de selle. . . . . | 5¼

Dans le Plaisantin.

Paoli.

Pour deux Chevaux de chaise. . . . | 15
Pour un de selle. . . . . | 5

Dans les États de Parme et de Modène.

Pour deux Chevaux de chaise. . . . | 10
Pour un de selle. . . . . | 5

Dans le Milanois.

Pour deux Chevaux de chaise. . . . | 14
Pour un de selle. . . . . | 5

Dans les États de Venise (*).

Pour deux Chevaux de chaise. . . . | 15
Pour un de selle. . . . . | 7½

(* *Voyez* la page 198 du 3e Vol. —— ,, Il y a deux
,, façons de courir la poste en Italie, l'une ordinaire,
,, qui est plus chère dans les Etats de la Lombardie (comme
,, le Piémont, le Milanois, & les Etats Vénitiens) que dans
,, le reste de l'Italie ; c'est pourquoi dans ces Etats on ac-
,, corde aux Voyageurs la permission de prendre des
,, chevaux de poste à un moindre prix qu'il n'est fixé
,, pour la poste ordinaire, mais avec quelques restric-
,, tions ; comme de ne pouvoir obliger le postillon à
,, galopper son cheval, & de ne pouvoir voyager, après
,, le soleil couché, qu'en payant le prix entier de la
,, poste, & c'est ce que l'on appelle aller en *Cambiature*,
,, que l'on obtient aisément en partant de la Capitale de

Dans les États de Gènes.

Pour deux Chevaux de chaise . . . . 9 l. } monnoye de Gènes.
Pour un de selle. 3

Dans le Pays de Liége.

Pour deux Chevaux de Chaise. . . . 8 } escalins.
Pour un de Selle. 4

RAPPORT
DES MONNOIES.

EN BRABANT.

Le Louis d'or, vaut 37 *escalins* 2 sols & 4 deniers; ou 13 florins 1 sol & 4 deniers.

Le Ducat de Hollande, vaut 17 *escalins* & un sol ou 6 florins.

Le Florin vaut vingt sols.

Le double Souverain d'Autriche, vaut 17 florins & 17 sols.

L'Écu de six livres de France, vaut 3 florins 5 sols 3 deniers.

La Couronne de Brabant, vaut 3 florins, & 3 sols; ou 9 *escalins*.

L'Escalin, vaut sept sols.

La Plaquette, vaut 3 sols & demi.

„ ces Etats; mais si l'on en a besoin en entrant dans le
„ pays, il est bon de s'être procuré, d'avance cette per-
„ mission par un Banquier dans les Villes d'où l'on part."

Tome IV. K

HOLLANDE.

Le Ducat de Hollande, vaut 5 florins & 5 sols.

Le Florin est de 20 sols.

Il y a des Pièces d'argent d'un florin; des Pièces d'or de 7 & de 14 Florins.

GÈNES.

Un Louis d'or, vaut (communément) 29 livres 4 sols de Gènes.

Une Guinée, vaut (communément) 28 livres de Gènes.

Un Zechin de Florence, vaut 13 livres 10 sols.

Un Piastre (ou Dollar) d'Espagne, a cours pour 6 livres dix sols.

PIÉMONT.

Un Louis d'or, vaut (communément) 20 livres de Piémont.

Une Guinée, vaut (communément) 19 livres 10 sols de Piémont.

FLORENCE.

Un Zechin de Florence, vaut 20 *paoli*.

Un Zechin de Rome, y vaut 19 *paoli* & demi.

La Livre de Florence est de 2 *paoli* & demi.

ROME.

Le Louis d'or y a cours, pour 45 *paoli*; la Guinée pour 43 *paoli*.

Le Zechin de Rome, vaut 20 *paoli* & demi; le *paoli*, 10 baiocchi.

L'Écu Romain, vaut 20 *paoli* & demi.

Le Zechin de Florence y vaut 20 *paoli* & demi.

N. B. Les comptes se tiennent à Rome en *Scudi* (Écu) & *Baiocchi*.

NAPLES.

Un Louis d'or y a cours (communément) pour 56 *carlini*.

Une Guinée y a cours (communément) pour 52 *Carlini*.

Un *Onza*, vaut 3 Ducats, ou 30 *carlini*, & à Rome, 25 *paoli*.

Dix *Carlini*, font un ducat d'argent.

Un Ecu Romain, a cours pour 12 *carlini*.

BOLOGNE.

Le Zechin de Rome, y a cours pour 20 *paoli* & demi.

Le Zechin de Florence, y est reçu pour 20 *paoli*.

La Livre de Bologne, est de 2 *paoli*.

MODÈNE.

Le Zechin de Rome, y a cours, pour 19 *paoli* & demi.

Le Zechin de Florence, y a cours pour 20 *paoli* (*).

La Livre de Modène, est de 6 *baiocchi* ou *soldi*.

Un Ecu Romain, y est reçu pour 10 *paoli*.

PARME.

Le Zechin de Florence, y a cours pour 20 *paoli* de Parme.

La Livre de Parme, est de 5 *baiocchi*, ou *soldi*, sols.

VENISE.

Le Zechin de Venise, vaut 22 livres de Venise.

Le Zechin de Florence, y a cours pour 21 livres & demie.

Celui de Rome, y vaut 21 livres.

Un *Filippo*, est de 11 livres & demie.

Un Ducat d'argent, vaut 8 livres.

(*) ,, Il est bon de faire attention à la différence de la ,, valeur des Zechins de Rome, Florence & Venise dans ,, les Villes où l'on doit aller, afin de se charger de la ,, monnoye qui a un cours plus avantageux."

MILAN (*).

Le Louis de France, y est reçu pour 31 livres 12 sols, *argent de banque*, & pour 34 livres 10 sols, *cours abusif*.

La Guinée y a cours, pour 30 livres *argent de banque*.

Les Zechins de Venise & de Florence, y valent 14 livres 13 sols, *argent de banque*, & 16 livres, *cours abusif*.

Le Zechin de Rome, y vaut 14 livres 4 sols, *argent de banque*, & 15 livres 10 sols, *cours abusif*.

La Pistole d'or de Piémont, vaut 41 livres de Milan, *cours abusif*.

SUISSE.

Le Louis d'or de France, y a cours pour 16 livres, & l'Ecu de 6 livres (de France) pour 4 livres.

Le Ducat d'or de Berne, vaut 72 *Batz*, ou 10 livres 16 sols de France.

On compte par Livres ou *Francs* : Une Livre est de 10 *batz*, ou 30 sols de France.

(*) „ Il y a deux manières de compter à Milan; l'une „ que l'on appelle *argent de banque*, dont on fait usage „ pour les billets de change; l'autre que l'on nomme „ *cours abusif*; ce qui se dit de l'argent que l'on employe „ à faire des emplettes quelconques. Toutes les espèces „ qui ont cours à Milan, valent plus ou moins, relati- „ vement à ces deux manières de compter."

„ Trente livres, *argent de banque*, valent trente-deux „ livres de *cours abusif*.

SPA & LIÉGE.

Le Louis d'or, y vaut 39 *eſcalins*.

La Guinée neuve, y vaut 39 *eſcalins*.

Le Carolin d'Empire, y vaut 39 *eſcalins*.

Le Ducat d'Hollande (cordonné), y vaut 18 *eſcalins*.

Le Ducat d'Autriche, y a cours pour 17 *eſcalins*.

Le double Souverain d'Autriche, y vaut 53 *eſcalins*.

L'Eſcalin eſt dix ſols de Liége; deux *eſcalins* font un florin.

N. B. *La Monnoye la plus avantageuſe à porter, eſt le Louis d'or, la Guinée & le Ducat d'Hollande.*

TABLE
Des principaux Articles
Contenus dans ce Volume.

	Route de Venise à Milan, par Vicence, Verone, Brescia, & Bergame.	1
	Ville de Vicence.	1
(*)	Grande Place; Palais de la Justice.	2
	Palais del Capitano.	2
	Banque du Mont-Piété.	2
(*)	Bibliothèque publique.	2
	Palais principaux.	2
	Santa Corona.	2
	Cathédrale (il Duomo).	4
(*)	Theatro Olympico.	4
(*)	Moulins, &c.; Manufacture, &c.	6
	Champ de Mars; Arc de Triomphe.	6
(*)	Palazzo Vecchia.	7
	Madonna del Monte Berrico.	7
	La Rotonde, &c.	9
	Caverne, ou Grotte de Cavali.	9
Ville de	Verone.	10
	Châteaux (ou Forts); Ponts; Portes.	11
(*)	Piazza de' Signori	11
	——— dell' Erbe.	12
	——— della Bra.	12

K iv

TABLE

. . . . Palazzo del Proveditore.	13
(*) . . . Amphithéatre. . . .	13
. . . . Arco Antica. . . .	15
. . . . Porta Antica, &c. . .	15
. . . . ——— del Foro Giudi-	
ziale.	15
(*) . . . Salle de Spectacle. . .	15
. . . . ——— de l'Académie. .	16
. . . . Camere della Conversa-	
zione.	16
(*) . . . Le Muséum.	16
(*) . . . La Foire (Fiera). . .	17
(*) . . . La Douane.	17
. . . . Palais principaux. . .	17
. . . . Principaux Cabinets de	
Tableaux.	18
. . . . Cathédrale (il Duomo).	18
. . . . San Giorgio.	19
. . . . J. Capuccini.	19
. . . . San Zeno.	19
. . . . ——— Bernardo. . . .	19
. . . . ——— Procolo. . . .	20
. . . . Terre & Teinture de Ve-	
rone.	20
Forteresse de Peschiera. . . .	21
Lac Guardia.	21
Ville de Brescia	22
. . . . Citadelle.	22
. . . . Palazzo publico. . . .	22
. . . . Cathédrale (il Duomo).	22
. . . . Palais Episcopal. . .	23
(*) . . . Bibliothèque publique. .	24
. . . . La Madonna delle Gra-	
zie.	24
. . . . La Pace, ou Filippini.	24

DES PRINCIPAUX ARTICLES

. . . .	Santi Nazaro è Celso. .	24
. . . .	Palais Avogardi. . . .	25
. . . .	——— principaux. . .	25
. . . .	San Laurenzo. . . .	25
. . . .	Santa Afra.	26
. . . .	Salle de Spectacle. . .	27
Ville de	Bergame.	27
. . . .	Palazzo Vecchio è Nuovo.	28
(*) . . .	Bâtiment de la Foire (la Fiera). . . .	28
. . . .	Cathédrale (il Duomo).	28
(*) . . .	Santa Maria Maggiore.	28
. . . .	——— Grata. . . .	29
. . . .	San Agostino. . . .	29
. . . .	Palais principaux. . .	29
Roubella;	Villa Franca. . . .	30
AVIS utile.		30
Ville de	Mantoue.	30
(*) . . .	Cathédrale (il Duomo).	31
. . . .	San Andrea.	32
. . . .	——— Maurice. . . .	33
. . . .	Eglise des Jésuites. . .	33
(*) . . .	Palais Ducal. . . .	33
. . . .	——— principaux. . .	34
. . . .	Théâtre; Moulin des douze Apôtres, &c. .	35
. . . .	Eglises de Ste. Thérèse, &c.	35
(*) . . .	Palais du T.	35
Ville de	Guastella.	38
. . . .	Groupe en bronze, &c.	39
Ville de	Parme.	39
(*) . . .	Grande Place; Monument, &c.	39
. . . .	Tutti li Santi. . . .	40

K v

(*) . . .	*J. Capuccini.*	40
(*) . . .	Palais Ducal. . . .	41
(*) . . .	Galerie.	41
(*) . . .	Salle de l'Académie des Arts.	45
(*) . . .	Grand Théâtre. . . .	45
. . .	Petit Théâtre. . . .	47
. . .	La Cathédrale (il Duomo).	47
. . .	La Madonna della Steccata.	49
(*) . . .	San Sepolcro.	49
. . .	La Madonna della Scala.	50
. . .	San Roco.	51
(*) . . .	Promenades publiques. .	52
(*) . . .	Jardin du Château-Neuf.	52
. . .	Palazzo Giardino. . .	52
(*) . . .	Colorno.	53
EXCURSION de Parme, à Bologne; par Modène.		53
Ville de Reggio.		54
———— Modène.		54
. . .	Fortifications. . . .	55
(*) . . .	Palais Ducal. . . .	55
. . .	La Cathédrale. . . .	57
. . .	Palais public; Arsenal.	58
. . .	Castel Sassuolo. . . .	59
AVIS utile.		59
Ville de Plaisance.		60
. . .	La Cathédrale. . . .	61
(*) . . .	Statues équestres en bronze, &c.	61
. . .	Eglises principales. . . .	62
. . .	Palais Ducal. . . .	62
. . .	Théâtre.	63

Ville de Lodi	63
Marignano	63
Ville de Milan	64
Citadelle, &c.	64
(*) Cathédrale..(il Duomo)	65
Le Baptistère	68
Chapelle souterraine	69
Trésor de la Cathédrale	71
Grande Place	73
(*) Piazza de' Mercanti	73
Palais de Justice, &c.	74
(*) Bibliothèque Ambroisienne	74
(*) Collections de Sculpture, d'Antiques, de Médailles, de Tableaux, &c.	75
San Ambrogio	79
Casa Borromea	79
(*) Santa Maria delle Grazie	80
San Agostino	79
—— Francesco	79
Palais Lita	82
San Marco	82
Santa Maria in Brera	83
San Fedele	85
Porta San Marco	85
Casa Cusani	85
—— Simonetta	85
—— Clerici	85
Palazzo Durani	85
Le Séminaire	86
(*) Collége Helvétique	86
Lazzareto	87

. . . Casa di Correzione . .	87
. . . Les Galères	89
(*) . . . Les Prisons	91
(*) . . . Palais de l'Archevêché.	92
. . . La Passione	93
(*) . . . Fopone ou Cimetière général	93
(*) . . . Bibliothèque Pertusati .	94
(*) . . . Lo Spedale Maggiore. .	94
. . . Palais Ducal . . . (Corte Ducale	94
. . . Salle de Spectacle. . .	96
. . . San Nazaro	96
(*) . . . Santa Maria di San Celso	97
. . . ——— Maria della Vittoria	99
. . . San Laurenzo	99
(*) . . . Ruine d'un Temple d'Hercule, &c. . .	100
. . . Santa Marta . . .	101
. . . Eglises principales . .	101
(*) . . . Promenades publiques .	102
EXCURSION de Milan à Pavie.	102
Ville de Pavie	102
(*) . . . Piazza Maggiore, &c.	103
. . . Cathédrale.	103
(*) . . . L'Université	103
(*) . . . Pont du Tessin . . .	104
. . . Chartreuse	104
(*) . . . Casa Simonetta (Echo célèbre, &c.) . . .	107
EXCURSION de Milan, aux Isles Borromées, à Como, &c. . .	108
(*) Castellazzo	108

Casa Lainate	109
Village de Cesto	109
Avis utile	109
Lac Major. (Navigation sur le...)	111
Ville d' Arona	111
(*) . . . Statue colossale de St. Charles Borromée	111
(*) Isola Bella	112
. . . Jardins, Château, &c.	113
(*) Isola Madre	112
Bourg de Laveno	115
ROUTE de Milan à Berne, par le Mont Saint-Gothard	116
Lac & Bourg de Lugano	116
Bellizone	117
Giurnico	118
Airolo	118
Mont St. Gothard	119
. . . Couvent des Capucins	119
Urseren	120
Amsteg	120
Bourg d'Altorff	121
(*) . . . Arsenal	121
(*) . . . Fabrique, &c	121
Ville de Lucerne	122
. . . Tour de l'eau	123
(*) . . . Hôtel-de-ville	123
Avis utile	123
RETOUR de Laveno & de Como à Milan	124
Ville de Como	124
. . . Promenade publique	125
. . . Navigation sur le Lac	126
. . . Port, vieux Château, &c.	126
ROUTE de Milan à Turin	127

Ville de Novare	128
Avis intéressant	127
Ville de Verceille	129
Ruines d'Industria, &c.	128
Avis utile	129
ROUTE de Turin à Berne	133
Versoy — Nion — Rolle — Morges — Lauzanne.	133
Mont-Jura — Moudon — Payerne	134
Avanches.	135
. . . Diverses Ruines antiques	135
Ossuaire ou Chapelle Sépulchrale, &c.	136
Ville de Morat	136
(*) . . . Manufacture de Toiles peintes	137
Ville de Berne	137
(*) . . . Grande Eglise — Terrasse	138
(*) . . . Bibliothèque publique	138
. . . Arsenal	139
EXCURSION dans les environs de Berne	139
Langnau	140
Avis utile	140
Ville, Château & Lac de Thun.	145
Grotte de Saint Beat.	146
Maison-Neuve	147
Avis utile	148
Unterseen	149
Lauterbrunn.	149
Le Staubbach, célèbre Chute d'eau	150
Jungfrau (Glacier de la Pucelle).	151
Village & Glaciers de Grindelwald.	152

ITINÉRAIRE *de la route du* Val de Grindelwald, *à* Unterſeen; *par le* Val *de* Haſli, *le* Lac de Brienz, *&* Interlaken. 154
ROUTE *de* Berne *à* Bâle; *par* Soleure, Zurich, *&c*. 156
Ville de Soleure 156
. . . *Egliſe Collégiale — des Jéſuites* 156
(*) . . . *Arſenal*. 157
Arau 157
Baden —— (*) *Bains minéraux, &c*. 158
Ville de Zurich 158
. . . *Hôtel-de-ville* 159
(*) . . . *Bibliothèque publique*. 159
(*) . . . *Arſenal*. 159
(*) Pont de Raperſwil 159
(*) *Célèbre* Cataracte *du Rhin* . . 160
Ville de Schaffhouſe. 161
. . . *Grand Temple — Hôtel-de-ville — Arſenal* . 161
. . . *Grande Horloge —* Pont *du Rhin*. . . . 161
Ville de Bâle 163
. . . *Cathédrale* 164
(*) . . . *Terraſſe*. 164
(*) . . . *Bibliothèque publique*. 164
. . . *Hôtel-de-ville — Arſenal*. 164
(*) . . . *Ancien Couvent des Dominicains*. 164
ROUTE *de* Bâle *à* Strasbourg; *par* Huningue, *&c*. 165
Huningue 165
Neuf-Briſack. 166

Ville de	Strasbourg	167
(*)	Cathédrale	168
(*)	Tour, ou *Pyramide*	168
	Intérieur de l'Eglife — Grande Horloge	169
	Hôtels du Gouvernement; de l'Intendance, &c.	170
(*)	Temple St. Thomas	170
(*)	Salle de Spectacle	171
	Fortifications, Citadelle, Arfenal	171
(*)	Pont du Rhin	171
(*)	Promenades publiques	171
Projet d'Excursion de Strasbourg fur Baden, Raftatt, & Manheim		172
Ville de	Manheim	172
(*)	Palais Electoral	172
(*)	Bibliothèque. — Salle de Spectacle	173
(*)	Cabinet de Tableaux	173
	Collections des Médailles, d'Antiques & Raretés	173
Châteaux de Schwetzing, Ogrefheim		173
Route de Strasbourg à Nancy		173
Saverne — Château. &c.		174
Phalsbourg		174
Luneville		175
Bitche		175
Deux-Ponts		175
Saarbruck		175
Ville de	Nancy	176
(*)	Place-Royale	177
	Fontaines. — Eglife Pri-	

	matiale, &c.	177
(*)	Salle de Spectacle.	177

ROUTE de Nancy à Luxembourg,
par Metz. 178
Pont-à-Mousson. 178
Ville de Metz. 178
. . . Arsenal, Hôpital Militaire. 179
(*) . . . Corps de Cazernes. . . 179
. . . Hôtel du Gouvernement;
Intendance 179
. . . Places publiques. — (*)
Cathédrale. . . . 179
. . . Fortifications. — Citadelle. 180
Ville de Thionville. 181
Ville de Luxembourg. . . . 181
ROUTE de Luxembourg à Liége. . 182
Marche. 183
Château de Seraing. 183
Ville de Liége. 184
. . . Académies. 184
. . . Etendue de la Principauté. 184
. . . Rivières, Sol, Mines,
Eaux minérales. . . 185
. . . Manufactures, Fabriques. 186
. . . Impôts, &c. 187
. . . Nombre des Habitans. . 187
. . . Palais du Prince. . . 187
. . . Hôtel-de-ville. . . . 188
(*) . . . Fontaines publiques. . . 188
. . . Cathédrale & Eglises
principales. 189

(*) . . . . Pont des Arches. . . .	189
(*) . . . . Promenades publiques. .	190
. . . . Législation.	191
. . . . Corps d'Etat.	192
. . . . Magistrats.	194
. . . . Administration de la Justice par plusieurs Tribunaux.	195
. . . . Conciles tenus à Liége. .	197
. . . . Artistes célèbres. . . .	199
EXCURSION de Liége à Aix-la-Chapelle—à Spa, &c.	200
Ville d' Aix-la-Chapelle . . .	200
. . . . Eglise Notre-Dame — des Jésuites, &c. . .	200
(*) . . . Bâtiment des Bains. .	201
Bourg de Spa.	201
(*) . . . . Redoute, Vaux-Hall, Salle des Spectacles, &c.	203
. . . . Sources principales. . .	203
. . . . Rois & Princes Souverains qui y ont bu les eaux anciennement. .	203
. . . . Monument de Pierre-le-Grand, Empereur de Russie.	204
. . . . Chaufontaine. . . .	205
ROUTE de Liége, à Bruxelles. .	206
Ville de Louvain	206
. . . . Château Cézar (ruines du)	207
. . . . Hôtel-de-Ville—Canal.	207
. . . . Bibliothèque — Cabinet d'Histoire Naturelle — Jardin Botanique, &c.	207

Récapitulation des Routes indiquées dans le préſent Voyage. 209

Premier Volume.

De Calais, *à* Bruxelles. 209
De Bruxelles, *à* Amſterdam. . . 209
D'Amſterdam, *à* Utrecht. . . . 210
D'Utrecht, *à* Breda. 210
De Breda, *à* Bruxelles. 211
De Bruxelles, *à* Paris. 211
De Paris, *à* Nantes. 211
De Nantes, *à* Breſt. 211
De Breſt, *à* Saint-Malo & Nantes. 211
De Nantes, *à* Bordeaux. . . . 211
De Bordeaux, *à* Montpellier. . 211
De Montpellier, *à* Nîmes & Marſeille. 211
De Marſeille, *à* Toulon. . . . 211
De Toulon *à* Gènes, *par le* Col-du-Tende. 211
De Marſeille, *à* Lyon. 211
De Lyon, *à* Genève. 212
De Genève, *à* Turin. 212

Second Volume.

De Turin, *à* Gènes, Piſe, Florence & Rome. 212

Troisième Volume.

De Rome, *à* Naples, Lorette, Bologne, Veniſe. 212

Quatrième Volume.

De Veniſe, *à* Milan, *par* Vicence, Mantoue, Parme, Plaiſance, &c. 212
De Milan, *à* Turin. 212

De Milan, *à* Berne ; *par* le Mont St. Gothard.	212
De Turin, *à* Genève.	212
De Genève, *à* Berne, Schaffhouse.	213
De Schaffhouse, *à* Bâle, Strasbourg, Nancy, Metz, Luxembourg. .	213
De Luxembourg, *à* Liége. . .	213
De Liége, *à* Aix-la-Chapelle. . .	213
*D'*Aix-la-Chapelle , *à* Spa. . .	213
De Spa , *à* Liége.	213
De Liége, *à* Bruxelles.	214
Table des Observations pour aider à comparer les distances des Stations : Suivie d'Observations générales.	214
Prix des Chevaux de Postes, en France, dans les Pays-Bas Autrichiens, dans les Etats de Piémont, de Toscane, du Pape, du Roi de Naples, dans le Plaisantin, dans les Etats de Parme & de Modène, dans les Milanois & les Etats de Venise, de Gènes & dans le Pays de Liége.	215
Rapport des Monnoies en Brabant, Hollande, Gènes, Piémont, Florence, Rome, Naples, Bologne, Modène ; Parme, Venise, Milan, Suisse ; Spa & Liége.	217

Fin du 4ème & dernier Volume.

Pages.	Lignes.		ERRATA.
29	29	*lisez*	le chemin dès lors devient plus doux
117	33	*lisez*	Taftaccio.
152	29	*lisez*	d'immenses amas
159	11	*lisez*	noblement décorées

www.ingramcontent.com/pod-product-compliance
Lightning Source LLC
Chambersburg PA
CBHW061959180426
43198CB00036B/1457